Conexión Madrid

Conexión Madrid

Cómo y por qué Sarhane y Jamal
se convirtieron en terroristas yihadistas

JUSTIN WEBSTER
E IGNACIO OROVIO

DEBATE

Papel certificado por el Forest Stewardship Council®

Segunda edición: febrero de 2024

© 2009, 2024, Justin Webster e Ignacio Orovio
© 2024, Penguin Random House Grupo Editorial, S. A. U.
Travessera de Gràcia, 47-49. 08021 Barcelona

Printed in Spain – Impreso en España

ISBN: 978-84-19951-41-0
Depósito legal: B-534-2024

Compuesto en M. I. Maquetación, S. L.

Impreso en Black Print CPI Ibérica
Sant Andreu de la Barca (Barcelona)

C 9 5 1 4 1 0

A todas las víctimas del 11-M y a todos los afectados, incluidos los que descubrieron con horror que habían compartido sus vidas con los culpables.

A Sumpta, por su colaboración y por todo lo demás, y a nuestros hijos, Julia, Rita y Tom.

A Núria, por su apoyo imprescindible, siempre constructivo.

Índice

Agradecimientos

Ante todo, nos gustaría hacer constar nuestro sincero agradecimiento a todos los que accedieron a nuestra petición de entrevista, que enriquecieron nuestra comprensión de las vidas de Sarhane y Jamal y sin los cuales este libro no habría sido posible. Especialmente, a la mujer y a la suegra de Jamal, a su hermano Yusef, a Alejandro Lorca, Mehmet Çiftçi, Sandra Galán, Martin Jerch, Mohamed Afifi, Mahmud Moneir, Abdulá Durra, Muad Benkhalafa y a los que aparecen aquí con nombre ficticio.

También estamos en deuda con muchas otras personas que ofrecieron sus testimonios pero que no aparecen nombrados aquí.

Por su imprescindible ayuda en el seguimiento de la investigación judicial y policial, estamos agradecidos a Mateo Seguí, Sebastià Salellas, Endika Zulueta, José María Fuster Fabra, Baltasar Garzón, Javier Gómez Bermúdez, Javier Zaragoza, Olga Sánchez, José Luis Abascal y Jacobo Teijelo.

También queremos hacer constar nuestra enorme gratitud a las personas que, con su interés y apoyo, hicieron posible una investigación tan larga, que fue la base para el documental y para este libro: Nick Fraser, de la BBC; Joan Salvat, de Televisió de Catalunya; Mette Hoffman, de TV2 Danmark; Claus Ladergaard y Dola Bonfils, de Danish Film Institute, y José María Izquierdo, de Cuatro.

No sería justo no recordar también a todos los que intervinieron —en los primeros pasos hacia este libro— en la producción del documental y especialmente a Daniel Wolf, Sumpta Ayuso, Stephen Oliver, Jim Loomis, Diego Salazar, Rafael Logedo, René Álvarez, Cosmo Campbell, Maite Cunchillos, David Fernández, Miguel Ángel Muñoz, Emmy Dexel, Mahmut Kaya, Medir Plandolit, Carla Fibla, Muntsa Tarrés, Ricard Belis, Mette Mailand, Jo Lapping, Axel Arno y Gaspard Lamunière.

Por sus consejos y apoyo en momentos clave, nuestro afecto para Juan Gabriel Vásquez, Santiago Roncagliolo, Giles Tremlett, Katherine Scott, Marc Sageman, Scott Atran, Carles Porta, Valerie Miles, Aurelio Major, Miquel Molina, Francesc Peirón, Jaume V. Aroca, Llàtzer Moix, Eduardo Martín de Pozuelo, Isabel Obiols, Oriol Sabata, Anna Soler-Pont y Miguel Aguilar.

1

Introducción

Por qué republicar

Este libro se publicó en el año 2009. La investigación que lo sustenta arrancó en el primer momento después de la matanza del 11-M —la segunda peor de la historia de Europa, después del atentado de Lockerbie, en Escocia, que en 1988 dejó 270 víctimas— y corrió en paralelo a la investigación judicial y más allá, durante varios años, hasta que en octubre de 2007 la Audiencia Nacional dictó sentencia sobre los inculpados.

Nuestra motivación central, en esos años tan cercanos al impacto terrible de la atrocidad, fue la de llenar un vacío en la comprensión de los porqués del atentado en su nivel más básico: quiénes eran las personas que lo cometieron, cómo eran sus vidas, de dónde venían y qué los empujó a actuar.

Sabíamos que íbamos a fracasar porque las respuestas probablemente serían enormemente incompletas, pero sentimos que un proyecto de reporterismo y análisis sostenido, tratando de buscar el fondo y de esbozar una narrativa completa, podría hacer algo para llenar aquel vacío cuando el foco de la cobertura general se dirigió más al fenómeno del yihadismo en el ámbito geopolítico y a cuestiones de seguridad más urgentes. También a las políticas.

Antes del libro, esta investigación sustentó un documental audiovisual que facilitó dos años completos de trabajo. En el proceso entrevistamos a algunas víctimas y a sus familias, las involuntarias protagonistas de todo. Desde el inicio pensamos que el resultado podía ser también una contribución para ellas, para su futuro, porque muchas querían y necesitaban entender más que nadie, más que los periodistas, los políticos, los analistas o los académicos lo que ocurrió en Madrid aquella mañana de marzo de 2004. Acercarse a la verdad.

En ciertos momentos fue muy incómodo llevar a cabo una investigación que trataba a los responsables de tanto dolor y muerte como personas, con sus amigos, sus seres queridos y sus familias. Los más allegados e íntimos fueron necesariamente los testigos esenciales de sus vidas antes y durante la transformación primero en yihadistas, después en asesinos de masas y por último en suicidas, cuando la tarde del 3 de abril, tres semanas después del atentado, se inmolaron en un piso de Leganés.

En España hubo desde el primer momento una teoría de la conspiración poderosa, multifacética, muy presente en alguna prensa, que vinculaba a ETA y hasta a ciertos partidos políticos o policías con el atentado o con errores o negligencias deliberados en la investigación. Desde luego, un impulso inicial de este proyecto fue verificar si aquellas teorías tenían algún fundamento real. Se habían extendido y estaban contaminando el debate público y político, pero rápidamente vimos su inconsistencia. Con los meses supimos que desde la misma mañana del atentado los analistas policiales descartaron el vínculo con ETA, porque en aquel momento se encontraba operativamente muy débil y carecía de la estructura para llevar al menos a seis terroristas (en los trenes explotaron doce bombas, dos de ellas bajo control de la policía) a la capital de España sin que los servicios policiales y de espionaje detectaran su presencia.

Decidimos que la mejor forma de tratar ese fleco era ignorarlo y dedicarnos a lo esencial, a profundizar en la vida de quienes sí cometieron el atentado hasta el momento en que lo cometieron. Debemos decir que fracasamos, o, mejor dicho, que triunfó la factoría de *fake news* que aquel día se puso en marcha: en el año 2022, en un módulo dedicado al periodismo de investigación en una universidad catalana, Ignacio Orovio preguntó a sus alumnos sobre el 11-M. En concreto, pidió que alzaran la mano quienes aún creyeran que ETA había tenido algo que ver, y más de la mitad la levantó; era una veintena de jóvenes que en 2004 tenía un año o dos, con lo que su conocimiento del asunto procedía del poso que había dejado aquel relato.

Sendas introducciones de los autores se encuentran ahora al final del libro en forma de epílogos. Allí explicamos cómo nos acercamos al proyecto, Ignacio como corresponsal judicial de *La Vanguardia* en Madrid y testigo presencial de los primeros minutos y horas tras el atentado, y luego como reportero judicial desde el principio del proceso de investigación; y Justin como documentalista, desarrollando y dirigiendo el documental —previo al libro— gracias al cual consiguió los testimonios e hizo las investigaciones fuera de España que iluminaron de alguna manera las historias de Sarhane y Jamal en el camino hacia su destino terrible.

Ahora la pregunta es: ¿por qué republicar este libro? La respuesta es simple. Consideramos que sigue siendo un trabajo de reporterismo que no ha sido ni desmentido ni —en su intención esencial— superado por los trabajos posteriores, y sigue ofreciendo pistas acerca de cómo el cruce entre las crisis de identidad y las ideologías perversas puede conducir a la violencia extrema. En este caso, personalizado en la conexión entre

Sarhane —un fanático que llevaba tiempo deseando actuar contra el país que lo había acogido— y Jamal —un narcotraficante de larga carrera que meses antes cumplía condena en una cárcel de Marruecos— para forjar una alianza macabra que escribió uno de los episodios más negros de la historia de la España contemporánea.

2

El estudiante

1994-1998

La Universidad Autónoma de Madrid se encuentra a las afueras de la ciudad, unos quince kilómetros al norte, en un campus construido a principios de los años ochenta, con edificios bajos de hormigón gris rodeados de árboles jóvenes esparcidos para dar sombra a los generosos espacios de césped. La universidad se fundó en 1968, pero este campus actual en Cantoblanco es posfranquista, diseñado con la confianza en la modernidad y el hambre de democracia que caracterizaron los años de la transición. Aquí, desde un punto de vista general, se podría estar en casi cualquier universidad occidental, moderna, donde predominan la funcionalidad, la informalidad y cierta seriedad científica.

La estación de Renfe desemboca casi directamente dentro del campus. Tiene las dimensiones que requiere una pequeña ciudad, con una larga hilera de tornos por donde pasan todas las mañanas la gran mayoría de los miles de alumnos, que vienen de las casas de sus familias o de sus pisos compartidos en la ciudad al sur. Para muchos de los alumnos la vida transcurre allí como en un parque aislado, con clases, biblioteca y bar, todo con escasa

17

o nula decoración, excepto los despachos un poco más acomodados de los profesores, pero poblados con las variopintas modas de los estudiantes. Todo conectado al mundo real por un tren.

En los primeros años noventa la Autónoma seguía todavía la tradición reciente de protesta política estudiantil, que se estableció como norma en los últimos años de la dictadura y los primeros de la transición. Aunque la lucha no era entonces violenta, podía ser muy crispada. Cuando Felipe González visitó el campus a finales de 1993, para asistir a una conferencia, tuvo que soportar los abucheos de una parte de la audiencia. El incidente salió en las noticias de la noche, como barómetro de la creciente impopularidad del gobierno de González. Después de once años en el poder, el gobierno socialista estaba siendo asediado por escándalos éticos, de corrupción masiva y de asesinatos encubiertos por el Estado en la lucha antiterrorista contra ETA. Al mismo tiempo, en general España estaba todavía disfrutando del final de una larga fiesta de bienvenida al club Europa, con su cultura de moda exhibida internacionalmente, en los Juegos Olímpicos de 1992 y en la Expo de Sevilla.

A principios del curso 1994-1995, en ese ambiente de libertad festiva y crispación política, llegó al campus el estudiante tunecino Sarhane Ben Abdelmajid Fakhet, con una beca de la Agencia Española de Cooperación Internacional. Al año siguiente, España organizaría la Conferencia Mediterránea en Barcelona, donde reunirían en la misma mesa todos los países de los dos lados del mar, incluidos los israelíes y los palestinos, para intentar mejorar la cooperación entre todos. El encuentro acabaría con ambiciosos planes, muy pocos de los cuales serían puestos en práctica. Ésta era la diplomacia española del momento; en el plano social se vivía, a mediados de los años noventa, una vistosa explosión de solidaridad norte-sur.

En octubre de 1994, cuando Sarhane estaba comenzando sus

estudios, siete personas comenzaron en Madrid una huelga de hambre para exigir que el gobierno español dedicara el 0,7 por ciento del PIB al desarrollo de países del sur. Aquellos siete huelguistas se quedaron días después en tres, pero fueron secundados por una histórica acampada en Madrid, con más de mil tiendas de campaña invadiendo el paseo de la Castellana, y en Barcelona. Como síntoma de la creciente sensibilidad norte-sur, si en 1994 había un único programa universitario de formación en cooperación y desarrollo, en 1995 eran seis y en 2005 fueron diecisiete. Son los años de auge de las ONG.

En la fotografía de su tarjeta de estudiante de ese año, Sarhane mira a la cámara con aparente confianza, con la cara tranquila y bien afeitada, el pelo negro y corto, la piel clara y un aspecto que encajaría perfectamente con el de un español. Sólo en unas fotos tomadas luego en las aulas, con otros estudiantes, se le ve con la barba que sus compañeros dicen que era habitual, una barba casi adolescente, nada espesa y sin bigote, y que le da cierto aire de beato, o de empollón.

«Cuando Sarhane llega a la universidad es como cualquier estudiante internacional que viene a estudiar en el programa», recordó Alejandro Lorca, profesor de Análisis Económico, director del programa doctoral en economía internacional, y que fue una de las primeras personas que Sarhane conoció en España. «Es un hombre muy tranquilo, físicamente alto. No es corpulento, pero sí es alto. Su cara... Tiene una cara tranquila», le describió Lorca. Acostumbrado a tratar con los extranjeros que se matriculaban en su curso de posgrado, Lorca suele implicarse más allá de lo académico para ayudarlos en su integración. En su primera Navidad en España, Sarhane fue invitado por éste a su casa, junto con otros estudiantes. Muy al principio de su relación de alumno y profesor, Lorca recibió un regalo de Sarhane: una jaula de madera de decoración con un pájaro colorido dentro, hecho de madera y tela, una obra de artesanía de las que se venden en las calles de Túnez a turistas. Cuando lo entrevistamos todavía estaba colgada en su despacho en la facultad.

A Lorca, como a todos los que en la universidad conocieron a Sarhane, el descubrimiento de su conversión, con los años, en un terrorista violento fue una experiencia cuando menos incómoda, con un punto traumático. En el caso de Lorca, que le veía no sólo para guiar su tesis sino también para ayudarle con las trabas administrativas de un extranjero residente, la sorpresa de ver al tranquilo Sarhane identificado con tan extrema violencia le llevó a pensar en cómo llegó a pasar. «No se suele insistir en el hecho de que el terrorismo es algo que crece con lentitud, sobre todo el suicida, y necesita largo adoctrinamiento y autoconvencimiento, lo que hace necesario que crezca en un entorno privilegiado», nos escribió después de ver el documental, en el cual aparece.

En 1994 Sarhane parecía preocuparse sólo por empezar bien su doctorado en un tema práctico y poco dramático, perfectamente en línea con el espíritu de la conferencia en Barcelona: qué medidas necesitaba la economía de Túnez para acercarse a Europa. «Él está en un programa comercial, es fundamentalmente contable y está tratando de entender y de diseñar los cambios que Túnez va a tener que hacer el día que entre a formar parte del área de libre comercio mediterráneo», recordó Lorca. Para conseguir su beca debió enviar desde Túnez un formulario justificando su objetivo.

Su propuesta de trabajo de doctorado trataba de profundizar en cómo funciona la contabilidad en la Unión Europea y de establecer qué se tendría que hacer para introducir el mismo sistema en Túnez: hacer un Túnez más europeo comercialmente, con estadísticas transparentes y fiables, las necesarias para contentar a los exigentes burócratas de Bruselas. Es obvio que podía ser una cuestión atractiva, aunque radicalmente opuesta al espíritu que Sarhane expresaría pasados unos años en España. Pero parece que empezó con sinceras ganas de llevarlo a cabo, con toda su dedicación y energía en el empeño.

«Él es un técnico que proviene de una familia media y, por lo tanto, de la mejor universidad tunecina. Es un intelectual, un hombre que tiene una de las educaciones más altas que pueden dar en su país. Es un hombre con un alto coeficiente intelectual. Es buen estudiante, como todos los estudiantes islamistas», explicó Lorca en su despacho, concentrándose para intentar definir a su ex alumno.

Desde el principio, igual de obvio que las ganas de estudiar de Sarhane eran sus convicciones religiosas. Vestía a la occidental y, aparte de la barba, su aspecto no daba señales de unas creencias que, por otra parte, eran muy comunes en el programa internacional. Pero en la convivencia se notaba fácilmente que era más estricto que la mayoría en sus hábitos.

Un estudiante español con un interés especial en el mundo islámico, que llegó en el mismo año que Sarhane y compartió despacho con él, junto con otros cuatro alumnos (y que pidió no ser identificado, por lo que le llamaremos García), observó sus primeros pasos en la sociedad española. «Al principio me pareció una persona respetuosa, comedida, que se esforzaba en aprender castellano y de alguna manera en integrarse dentro del ámbito universitario», explicó cuando le entrevistamos, muy al principio de la investigación. Nos había llamado la atención una carta suya, publicada en el diario *La Voz de Galicia* después de los atentados, en la que hablaba de su estupor al ver la foto de su ex compañero en los periódicos, explicaba muy brevemente los cambios en el comportamiento de Sarhane en la universidad y añadía algunas valoraciones psicológicas. Había muy poco, casi nada, de este tipo de análisis psicológico, y de primera mano, en los medios. El compañero de estudios se había esforzado mirando hacia atrás en entender el carácter de Sarhane: «En principio me pareció increíble que pudiera estar implicado en una matanza de tal magnitud pues con mis compañeros y conmigo nunca demostró ser poseedor de tal agresividad y odio», había escrito.

Hablando con él en la facultad, al lado de la pequeña aula con mesas de formica blanca puestas en un rectángulo largo donde se imparten las clases del doctorado, había reflexionado, dijo, sobre las señales que podrían haberles alertado, a él y a sus compañeros, del final violento de Sarhane, y rememoraba algunos rasgos de su carácter preguntándose si eran las claves para entender lo que había pasado. Pero al menos al principio, a pesar de sólo chapurrear castellano, Sarhane era comunicativo y en general caía bien. «Tengo una sensación agradable de cuando le conocí por primera vez», nos contó García.

La tercera fuente principal para conocer los primeros años de Sarhane en España fue un ex compañero turco, Mehmet Çiftçi, que llegó en 1995 y se convirtió en uno de sus mejores amigos en la universidad, cuando el tunecino ya se estaba empezando a aislar de los otros alumnos. Los primeros recuerdos de Çiftçi, comparados con los de otros compañeros, dan un perfil ligeramente distinto de Sarhane, que ya llevaba un año en Madrid. Çiftçi recuerda el primer día de clase, cuando se le acercó para presentarse: Sarhane tenía un interés especial en Turquía, como muchos estudiantes árabes, según Çiftçi, por ser un país musulmán pero a la vez laico y, en muchos aspectos, occidental. «Era dulce —fue la primera impresión de Çiftçi—, pero muy tímido.»

Estudioso, respetuoso hasta el punto de mostrarse extremadamente introvertido y muy serio: ésta fue la primera impresión que Sarhane le causó a Çiftçi, pero también tenía cierto encanto por la sensación de tener las ideas claras y ciertas convicciones, y el deseo de participar en la vida intelectual de la universidad.

Nadie le recuerda con rencor o rechazo. Personalmente caía

bien, incluso cuando se fue volviendo más excéntrico y ensimismado.

¿Cómo pasaba Sarhane su tiempo? Prácticamente todo el día en la universidad y buena parte de él en la biblioteca, estudiando. Compartía un despacho en la facultad con varios estudiantes más del doctorado; al principio con García, Çiftçi, un alemán llamado Martin Jerch y una española de familia francesa. A Jerch le pareció que Sarhane no era especialmente inteligente porque los argumentos que utilizaba en las discusiones en clase delataban poca capacidad de razonar.

Sarhane preparaba a conciencia sus trabajos para Lorca, se notaba que había estudiado y leído. Pero sólo leía libros técnicos, relacionados con su tesis. A pesar de hablar francés perfectamente, de poder al menos comunicarse en inglés y de aprender español rápidamente, nunca leía literatura occidental, según Lorca: sus intereses eran estrictamente académicos.

Al principio vivía en una habitación alquilada por una mujer en un apartamento de la calle Pimienta de Tres Cantos, muy cerca de la universidad. Como muchos estudiantes, Sarhane fue cambiando de piso cada curso, hasta tres veces en su etapa de doctorando.

Al tomarse los estudios con tanta seriedad, pasaba poco tiempo en Madrid ciudad. «A veces yo le llamaba para salir a tomar algo. "No, que estoy estudiando", decía siempre. Sí que estaba estudiando, iba a la biblioteca, leía mucho, para mí era un intelectual y un buen estudiante», recordó Çiftçi.

«Él nunca fue, por así decirlo, de bares. Yo nunca le vi beber alcohol, él nunca participó en fiestas con alcohol», dijo García.

A pesar de la buena primera impresión, a medida que pasaba el tiempo sus dificultades para integrarse se agravaron, se fue impermeabilizando. Se comunicaba mejor con estudiantes musulmanes, incluso con Çiftçi, que no era religioso y tenía ideas muy diferentes. «Charlábamos porque no tenía muchos amigos en la universidad. Soy turco, tengo una comprensión del islam muy diferente de los países árabes. He sido educado en un sistema laico en Turquía. Siempre, cuando charlábamos, nos enfrentábamos», dijo Çiftçi. Los encontronazos entre Sarhane y su amigo musulmán no eran verbalmente violentos. A Çiftçi le parecía que a Sarhane le gustaba discutir. Éste era prescriptivo y le decía a su amigo lo que debía hacer como musulmán, cómo debía comportarse. Criticaba el laicismo turco y a Ataturk, el fundador de la Turquía moderna y laica. Çiftçi, aunque no compartía sus ideas e incluso criticaba a Sarhane, le veía como una persona carismática e inteligente.

Según algunos antiguos compañeros, argumentaba bien sus opiniones, se notaba que era trabajador, sabía de qué hablaba. Su forma de hablar era escueta, técnica y a la vez apasionada, especialmente si tocaba la religión. Su hábito de callar cuando no dominaba el tema de conversación, el saber callarse, era lo que le proporcionaba carisma, según Çiftçi. La mayoría, sin embargo, define su forma de pensar como dogmática y poco elaborada. «Era muy radical cuando participaba en clase, aceptaba pocas opiniones diferentes del profesor o del resto de los compañeros», recuerda otra compañera de Sarhane, Sandra Galán. «Pero radical no porque comentara sus ideas de forma violenta —explicó el alemán Jerch—. Tenía estas ideas y las intentaba explicar de forma pacífica, pero no aceptaba las críticas u opiniones opuestas, creo que ni siquiera escuchaba muy bien lo que se estaba diciendo. Siempre daba ejemplos que eran fácilmente atacables, y eso no le entraba en la cabeza, así que buscaba otros ejemplos, pero había muchas contradicciones en su forma de argumentar.»

Aparte de la amistad que mantuvo con un estudiante marroquí, también amigo de Çiftçi, Sarhane se fue quedando aislado porque le incomodaba el ambiente fuera de las aulas. «La reacción ante la vida de Occidente, la vida de Madrid, es de rechazo, él no admite las libertades y la vida del estudiante de veinte a veintidós años de Madrid, no conoce la vida nocturna de Madrid, "la movida", la vida de las copas, de la música, de la conversación con los amigos por la noche. En eso él no se integra en absoluto, quizá porque él rechaza esa vida», explica Lorca.

De las libertades, la más chocante para Sarhane era, a primera vista, la sexual. Todos sus amigos coincidieron en que tenía enormes problemas para comunicarse con las mujeres en la universidad. Sandra Galán recordó cómo Sarhane se callaba cuando, en las charlas de pasillo, una mujer se acercaba al grupo. «Él tenía cierta barrera con las mujeres —dijo—, si intentabas entablar una conversación con él, como que te huía un poco.»

«Yo recuerdo que algunas veces, cuando había grupos de mujeres, donde la conversación era muy abierta, él reaccionaba ante determinados comentarios hechos por una mujer. Él no los admitía. Posiblemente los admitía de un hombre pero no de una mujer», relató Lorca.

«Tenía muchos problemas para relacionarse de una manera natural, se ponía nervioso», recordó García. Tras haber estudiado dos años en un país musulmán, donde conoció con cierta profundidad el islam, y sabedor de la posterior evolución vital de Sarhane su análisis fue que en su carácter había algo más profundo que la pura timidez. «Por un lado les tenía cierto respeto, casi se puede decir que miedo, porque de alguna manera es como si le estuvieran poniendo a prueba, una prueba que él no se ve capaz de superar, pero también quiere mostrarse como un personaje fuerte y protector de las mujeres, y a cambio pide sumisión. Y esto en la cultura occidental no se produce como él pensaba que se tenía que producir.»

El alemán Jerch recuerda un incidente en torno a la cuestión sexual que les dejó a todos perplejos. Sarhane, que se expresaba y

25

discutía apasionadamente en las clases, empezó a explicar que él sólo podría hacer el amor con una mujer si Dios lo pedía, si fuera santificado por Alá: si fuera una experiencia religiosa. Hablaba en primera persona. Parecía una confesión muy personal. «Relataba algunos detalles muy íntimos. Daba una ponencia sobre el islam y hablaba de que él sólo haría el amor con una mujer si Dios lo quisiera. Creo que tenía algún problema. Era como si estuviera buscando el papel que iban a desempeñar las mujeres en su vida», dijo Jerch.

García sostiene que en Sarhane se mezclaban hacia el otro sexo dos sensaciones algo contradictorias; por un lado le tenía un respeto que podía confundirse con el desprecio, o con un grado de miedo, y por otro lo sabía necesario porque así lo estipula el Corán. Tuvo, por ejemplo, algunos roces con la compañera de despacho, por la actitud de Sarhane hacia ella, que según García era algo así como «de grandeza». Las desavenencias nunca llegaron a ser tan graves como para romper la convivencia o como para no poder compartir la misma mesa, pero contaminaban el ambiente.

Que no estaba completamente cerrado a comunicarse con las mujeres se intuye en otro episodio. En una ocasión, Sarhane, Jerch y Çiftçi asistían a una conferencia académica en Toledo. Compartían habitación en un hotel, donde había una discoteca. Cuando por la noche, camino de la habitación, pasaron por delante de ella, estaba casi vacía, pero Çiftçi se quedó. Jerch y Sarhane se acostaron hasta que, hacia la medianoche, el turco subió a la habitación para avisarles de que el local se había animado y de que había más gente y, subrayó, chicas. Ante la sorpresa de Jerch, Sarhane se volvió a vestir y bajó. Nadie recuerda exactamente qué pasó, pero, por su trayectoria posterior, no fue nada que modificara su actitud estricta hacia el sexo.

Junto con el sexual, otro aspecto cuya libertad alteraba a Sarhane era el político. Es una de las claves para entender su particular sensibilidad social. Çiftçi, desde su perspectiva más cercana a los estudiantes árabes, lo notó enseguida. «Lo primero en que se fija un musulmán en el mundo occidental es la libertad, aquí te sientes más libre. Cuando vine a España en 1989 por primera vez había una diferencia enorme con mi mundo, sobre todo por la libertad. Es muy típico que en un país musulmán, cuando se habla de algo político, siempre miras a la derecha y a la izquierda. Le decía: "Sarhane, no hay nadie aquí". Siempre miraba a la derecha, a la izquierda... Es muy típico de un país musulmán. En Turquía también. Siempre, si hay un tema político, si hay alguien escuchando. Luego la gente se acostumbra, después de un año o dos, luego no das importancia si hablas de política o criticas cualquier cosa.»

En concreto, el tunecino se mostraba claramente en contra del gobierno de su propio país, occidentalizado, dictatorial y demasiado liberal respecto a las mujeres. Criticaba el régimen de su país con vehemencia pero también de modo superficial, sin profundizar en los detalles. A Çiftçi le dio la impresión de que tenía miedo de hablar. Su conclusión era que «había que hacer algo». Pero no decía qué.

En las clases y en sus reuniones de trabajo con Lorca, Sarhane fue progresivamente más explícito. Tratando de encontrar un sentido a la historia, culpaba a Occidente, que iba conociendo, de lo que no le gustaba de su país. Lorca recuerda especialmente su sensación de amenaza: «No física, sino culturalmente. Es Occidente quien ha amenazado, quien ha atacado culturalmente al mundo árabe, y está introduciendo sus valores en contra de los valores islámicos. Entonces, él reacciona en defensa de esos valores».

Al mismo tiempo, la política internacional suministraba materia para fomentar sentimientos fuertes en un campus universitario. La guerra de Bosnia, de 1992-1995, fue el primer campo de batalla en el que los jóvenes musulmanes en Europa pudieron encontrar una «causa justa», frente a la indiferencia europea hacia el islam. Los primeros héroes de los muyahidines asentados en Europa son los que se forjaron en Bosnia en esos años. Su ejemplo era más cercano que los anteriores, los que viajaron a Afganistán desde Egipto y Arabia Saudí, en algunos casos con el apoyo financiero de Osama Bin Laden, para combatir a los soviéticos en los años ochenta. Mientras Sarhane estudiaba finanzas, algunos musulmanes residentes en Madrid —y otras ciudades— se iban a Bosnia a combatir a los serbios y los croatas; a su regreso, estas partidas de combatientes tendrían gran influencia en la conciencia común de la comunidad musulmana, incluido Sarhane.

Sarhane había viajado a España para desarrollar una carrera y vestirse con un prestigio intelectual. Con un doctorado en ciencias económicas en Europa, con toda seguridad hubiera podido acceder a un puesto privilegiado como técnico en su país. Pero parecía que esa ambición se iba difuminando, que iba perdiendo cohesión. Según García, una de las cosas chocantes para Sarhane era la ignorancia, o la indiferencia, del mundo occidental hacia los musulmanes. Se sentía ninguneado.

Sus críticas a su propio país se extendieron a Occidente y especialmente a España. Empezó a hablar de injusticia. Su intensidad religiosa —bastante rígida, moralista— le impidió integrarse y, al mismo tiempo, le cerró el camino hacia un futuro acomodado en su propio país.

«Comentaba que el mundo era muy injusto —recordó Çiftçi—. "¿Por qué tienen y yo no tengo? ¿Por qué tienen y nosotros no?" Siempre preguntaba eso. Yo decía: "Tú también trabaja y tendrás...". "No, no, no —decía—, estamos en un mundo en que trabajando tampoco tendrás lo que ellos tienen."»

En el ambiente de la Autónoma, donde se fomentaba la actitud crítica e inquieta en el estudiante, Sarhane destacaba pero sin desentonar, sin superar los márgenes —amplios— del sentido de la tolerancia que acompaña a la mentalidad universitaria abierta. Podía expresar sus inquietudes con naturalidad. E intelectualmente lo hacía, aunque emocionalmente no.

«Lo que le enmarca más es siempre ese sentimiento de justicia, de la necesidad de llevar a cabo una justicia, que la sociedad sea justa. El sentimiento de justicia... él siempre lo repetía, una y otra vez, e incluso en las intervenciones en las clases, con sus compañeros... El concepto de justicia y el concepto de justicia social, era para él muy importante», dijo Lorca. Sarhane deplora «la injusticia de Occidente frente al islam, el doble rasero, la agresión del colonialismo al islam, el apoyo que Occidente está dando a los partidos en sus países y que son tiranos en sus países, el rechazo a los partidos en el poder en los países árabes era general».

En la universidad, Sarhane solía saludar a todos los musulmanes, aunque no los conociera. En algún momento en sus primeros años, cuando todavía pasaba la mayoría del tiempo en la universidad, quiso dar una estructura a esos contactos esporádicos y empezó a promover una asociación de estudiantes musulmanes. El objetivo era reivindicar su cultura común. Los detalles eran, diez años después, un poco confusos, pero consiguió por lo menos que la universidad asignara un lugar donde los estudiantes pudieran rezar. El papel de los estudiantes ha sido determinante en el movimiento político del islamismo en los países musulmanes, especialmente en su arranque en los años sesenta y setenta en Egipto. Es muy probable que Sarhane, ex alumno de la Universidad de Sfax en Túnez, fuera bien consciente de ello.

También elaboró un proyecto para montar una radio en árabe en España. En algún momento estuvo en contacto con el agregado cultural de la Embajada de Túnez en Madrid y durante la investigación hubo al menos un comentario —*off the record*— que aseguraba que Sarhane había movido sus proyectos hasta niveles bastante altos entre la representación diplomática de su país antes de fracasar.

Los estudiantes musulmanes de la Autónoma no fueron seducidos por Sarhane. Su carisma y su intensa aplicación no fueron suficientes para contrarrestar la rigidez y el extremismo de sus ideas. La mayoría de sus contemporáneos árabes universitarios no tenían tantos problemas en integrarse, y la llamada al fundamentalismo, o al menos a cumplir los mínimos de Sarhane, no les convencía. Para García, los modos excesivamente rígidos que practicaba e imponía Sarhane fueron la principal causa de su fracaso.

Su vida afectiva, mientras tanto, era un misterio. Nunca hablaba de su familia. Lorca le preguntaba y él contestaba lo justo, sin entrar en detalles. Al contrario que la mayoría de los estudiantes extranjeros, no volvía a su país en verano, aunque con la vida austera que llevaba, la beca ministerial de 117.000 pesetas al mes (unos 700 euros) le habría permitido pagar los viajes. Daba la impresión de que no mantenía una buena relación con sus padres. Eso lo intuyeron «más por lo que callaba que por lo que hablaba. Iba muy poquito a Túnez, aunque tenía disposición para ir y venir». Tampoco consta —nunca lo explicó— que sus padres lo visitaran en España.

Esa impresión de la época de estudios pareció quedarle confirmada a Çiftçi, que había dejado la universidad y estaba trabajando como comercial para una empresa textil de Barcelona, cuando en el verano de 1995 estaba de viaje de negocios en Túnez y se le ocurrió visitar a Sarhane. Llamó a Lorca para que le diera la dirección, alquiló un coche y se dirigió a aquellas señas de las afueras de Túnez: rue Badii Ezzamane el-Hamadhari, 2.083, en la Cité La Gazzelle, barrio de Ariana.

Çiftçi había pasado el año académico anterior manteniendo largas y serias conversaciones con Sarhane, que le habían provocado la mezcla de respeto y simpatía de quien se reconoce parcialmente en el otro. Çiftçi no compartía las ideas del tunecino e ironizaba sobre su seriedad. Çiftçi tiene un carácter abierto, laico y alegre, totalmente distinto del de Sarhane. Pero podía entenderle y empatizar con él.

En Túnez, a Çiftçi le sorprendió que la familia de Sarhane viviera en un barrio muy acomodado, de clase media, con cierto aire europeo. Ese ambiente no coincidía exactamente con la imagen que Sarhane transmitía, al menos en Madrid, con su aspecto más bien desaliñado o con sus críticas a Occidente. Túnez es uno de los países más desarrollados de África, y la clase media vive casi como en Europa.

La casa familiar de los Fakhet está en una calle de chalets y bungalows con jardín, en una urbanización tranquila, de muros blancos con buganvillas. Çiftçi llamó a la puerta y salieron los padres de Sarhane. Cuando les preguntó por él, se llevó una sorpresa enorme: parecía que no querían hablar de él. Dijeron que no sabían dónde estaba, a secas. Cuando Çiftçi insistió, le contestaron que no sabían cómo localizarle. Çiftçi se quedó en la puerta, totalmente confundido. Esperaba que, como amigo de Sarhane en España de paso por Túnez que se había molestado en visitar su casa, por lo menos le invitaran a pasar, tomar un té y charlar un rato. Pero era evidente que no. Se fue perplejo y decepcionado por su frialdad.

Çiftçi se quedó estupefacto no sólo por ese trato, sino también por la gran diferencia entre Sarhane y sus padres. Su madre era «una señora muy elegante». Su padre llevaba traje y parecía un funcionario del gobierno. Conociendo a Sarhane como «una persona islamista muy practicante», Çiftçi naturalmente esperaba encontrar una familia religiosa y, si no pobre, austera. Al contrario, le dejó la impresión de ser «muy occidental» y acomodada.

«A los musulmanes no les gusta decir "muy occidental". Digamos "moderno", entonces», matizó.

Como Çiftçi había dejado la universidad, ya no veía habitualmente a Sarhane, pero seguía en contacto con él y le llamaba o le visitaba en Madrid esporádicamente. Así lo hizo hasta casi el final de su vida. Cuando en su siguiente encuentro le comentó la frialdad de sus padres, Sarhane esquivó, como con Lorca u otros, cualquier explicación.

Entre los estudiantes se sospechaba que la mala relación tenía que ver con la negativa de Sarhane a casarse con una mujer tunecina aceptable para la familia. En alguna ocasión, Sarhane le contó a García acerca de una chica de Arabia Saudí con quien se carteaba. Una costumbre extraña para un tunecino en España, si no fuera por su estricta religiosidad. A pesar de su rechazo total hacia mujeres occidentales o modernas, sí quería mantener relaciones con mujeres árabes tradicionales; pero el problema era que ni por su familia de clase media, ni por su situación —un árabe, cultivado, en Europa— tenía fácil acceso a esa clase de mujer.

Lo que sí parece comprobado es que su vida sexual —la de un chico que tenía veintiséis años en 1994— fue nula hasta bien pasados los treinta, pero al mismo tiempo su búsqueda de la mujer «adecuada» era constante.

El aire de tristeza de Sarhane es atribuido generalmente por sus compañeros a sus preocupaciones político-culturales —las únicas que expresaba— y a su soledad. «Era un hombre triste, no de risa fácil. Quizá su tristeza estaba originada por la responsabilidad que él ve, por la falta de aceptación de las injusticias. No aceptaba las injusticias del mundo en el que vivía, para él eso era una carga psicológica», dijo Lorca. En sus conversaciones más privadas con Çiftçi, sin embargo, Sarhane se identificaba como una víctima más de esa injusticia, sin verla como causa de su desarraigo.

Se declaraba en contra del sistema económico y político del mundo, que le molestaba de una forma muy personal. «¿Por qué ellos son así y nosotros somos así?» Ésta fue una pregunta clave, que repetía en las conversaciones con Çiftçi. También le preguntaba: «¿Por qué ellos son mejores que nosotros?». Çiftçi recuerda la forma en que formulaba la cuestión. Decía: «Yo también soy un hombre, soy inteligente, un economista, un estudiante», para terminar con: «Pero ¿por qué no soy igual que ellos?». «Siempre preguntaba eso», dijo Çiftçi.

Diez años más tarde las fechas exactas de aquellos diálogos son difíciles de recordar. Pero es fácil situar todas, o casi todas, esas impresiones en los primeros cuatro años de vida de Sarhane en España.

Si la vida en este país, y por extensión en Europa, en el mundo occidental, era tan injusta, ¿por qué no volvía a Túnez? Algo así le planteó algunas veces García a Sarhane en sus momentos de desasosiego. Y éste, sin ironía, argumentaba que en su país no había libertad. Sarhane tampoco parecía valorar que sus estudios en España se debían a una beca del gobierno. Çiftçi recriminó alguna vez a Sarhane sus críticas a España, que le pagaba los estudios. Pero una beca, contraatacaba él, no es una compra de ideas.

La beca de la que disfrutaba como estudiante del doctorado de económicas era un sueldo respetable en la época, en especial para un estudiante austero y con pocas necesidades materiales. Pero la beca sólo era para cuatro años. Sus ex compañeros tienen la impresión de que de algún modo intentó prolongarla, pero sin éxito. El fin de la beca no significaba que la universidad le echara. Podía continuar con su tesis, y eso le daba derecho a mesa en el despacho, incluidos el ordenador y, cuando se popularizó, internet.

Entre su llegada a España en 1994 y el fin de sus estudios en 1998, Sarhane había ido tejiendo una vida más allá del campus; en alguna fecha de 1996 empezó a frecuentar la mezquita de la M-30, la más importante de Madrid, que se convertiría en el siguiente centro de su vida.

Cuando se quedó sin beca, en 1998, su vida dio un giro brusco. De entonces, o un poco antes, data el cambio en su tesis. Como no le iban a pagar, por lo menos estudiaría algo que le apeteciera. Su tesis trataría sobre la banca islámica, o las finanzas según la sharia, la ley islámica. Ya había hablado con Çiftçi, hasta obsesionarse, del mal que provocan los intereses bancarios. Como economista antioccidental, anticapitalista, quería proponer un sistema que liberara a los oprimidos musulmanes. Este debate ideológico-religioso se convertiría luego en un punto clave en su radicalización.

En 1998, en junio, se fecha su primer contrato de trabajo, como ayudante de contabilidad, en la mezquita de la M-30. También por estas fechas cambia definitivamente de casa, al céntrico barrio de clase media de Tetuán. El piso está cerca de la otra gran mezquita de Madrid, llamada de Estrecho, fundada por sirios y donde Sarhane sería también muy conocido, aunque menos que en la de la M-30.

En 1998 también hizo su primer peregrinaje a La Meca. Hubo otro dos años más tarde. Del primero volvió, según sus compañeros de la universidad, más gordo, con ojeras y una actitud aún menos comunicativa.

Lorca recordó que Sarhane sólo iba a su despacho para pedirle ayuda en algún trámite, por motivos más administrativos que académicos. El contacto entre ambos se fue limitando a ese papeleo y se fue diluyendo, aunque no tanto como para que Lorca no percibiera un cambio, de fondo. «Habla de los temas religiosos, no habla de los temas técnicos, no le interesa la tesis, ha cambiado de grupo de amigos, es un hombre en su manera de hablar más radicalizado. Cuando está hablando de las injusticias, ya no es un planteamiento religioso, es político.»

En aquellos tiempos guardaba una cantidad creciente de libros y cintas en árabe al lado de su mesa. Evitaba al máximo el contacto con sus ex compañeros. Para no coincidir con ellos, que trabajaban generalmente por la mañana, iba al despacho por la tarde. Lo usaba a menudo como sala de reunión con sus amigos, e incluso como su mezquita particular. En una ocasión, Jerch y García encontraron a Sarhane y sus amigos en medio del rezo. Molestos, se sentaron a observar hasta que terminaron. Fue su única protesta. Como estudiante del doctorado, no se cuestionaba el derecho de Sarhane de llevar a sus amigos a la universidad.

Para Çiftçi lo raro, lo atípico de Sarhane, no es que cambiara, sino precisamente que no cambiara; su falta de evolución, su aislamiento. España le cambió demasiado poco. Ya había visto a muchos musulmanes conocidos que empezaban quejándose de aspectos de la vida en España. «Una vez que se integran, critican menos. Pero Sarhane ha ido al revés. Sarhane llega con ideas críticas y con los años aún es más crítico. No ha cambiado», dijo.

«¿Cuál es el mecanismo mental —se pregunta todavía Lorca— que utilizan las organizaciones terroristas para transformar a ese hombre, al que yo defendería, y cuya ideología consiste en hacer desaparecer la injusticia, en un terrorista? Hay otras personas que tienen esos mismos sentimientos y se van con una ONG. ¿Por qué un individuo hace esas transformaciones, uno opta por irse a resolver la injusticia en un hospital en África, y el otro lo que hace es convertirse en soldado de Dios y matar al enemigo?»

3

El Chino

1992-1994

Jamaa Mezuak, literalmente «barrio de las mezquitas», es un barrio, casi un pueblo en sí, a las afueras de Tetuán, en el norte de Marruecos. Se ha creado en los últimos treinta años con la emigración del campo hacia la ciudad y allí se han construido casas y pisos, en una mezcla constante de pobreza marginal y brotes de prosperidad. Allí se captan muchas de las cadenas de televisión españolas. A media hora en coche está la frontera de Ceuta, uno de los dos enclaves españoles en la costa africana, donde el comercio, legal e ilegal, forma un barómetro, un grifo de presión entre el primer y el tercer mundo. Desde 1991, cuando se construyó una valla de cinco kilómetros, Ceuta ha sido el escenario de numerosos asaltos e incidentes protagonizados por africanos de una veintena de países que intentan desesperadamente entrar en Europa. Los marroquíes de la provincia de Tetuán gozan de un permiso especial para pasar la frontera para comerciar. Unos diez mil, muchos de ellos mujeres cargadas con bolsas como mulas, hacen el viaje todos los días. Es casi inevitable que los jóvenes tetuaníes, y especialmente los más ambiciosos y menos acomodados, miren hacia Europa para su futuro.

El padre de Jamal Ahmidan es del barrio, pero pasó su juventud como trabajador emigrante en Holanda. Trabajó quince años en Amsterdam, ganando un sueldo que le permitió ahorrar e invertir luego en negocios en Marruecos, como tiendas de textil y cuero y garajes, en Tetuán y Tánger; en esta última compró además una segunda casa a principios de los años noventa, cerca de la playa. Es el cabeza de una familia grande, de catorce hijos. Se quedó en Europa solo, con su mujer e hijos en Marruecos, hasta que decidió volver y montar sus negocios allí. Es un hombre respetado en Jamaa Mezuak, por haber trabajando duramente, y con constancia, para sacar adelante a su numerosa familia.

Entre muchos jóvenes tetuaníes emigrar o no, y con qué fin y posibilidades, es un tema de largas conversaciones. Es un dilema vinculado a muchos aspectos, desde los políticos y económicos —prosperar en Marruecos no es fácil— hasta las simples ganas de diversión o placer, en un ambiente más libertario. Además de la tendencia general, el ejemplo del padre y su experiencia exitosa contribuyeron a que tres de sus hijos mayores acabaran buscando oportunidades en Europa. Abdelilah, Mustafá y luego Jamal fueron los primeros en emigrar.

Conocimos a Yusef Ahmidan, uno de los hermanos menores de Jamal, en Madrid. Habíamos ido primero a buscar familiares de Jamal en el bar Sabanda, el bar de Mustafá, otro hermano, donde Yusef había trabajado. El local está en el barrio de Vallecas, al sur de Madrid, en una zona residencial de calles anchas, con árboles y plantas en las aceras y flanqueadas por edificios de pisos bajos y alargados y un aire de anodina normalidad. El bar apareció en los testimonios judiciales, pero ya estaba cerrado, y el hermano mayor de Jamal, Mustafá, estaba en la cárcel, condenado por amenazas en un asunto de tráfico de drogas.

Era el otoño de 2006. Yusef vivía en un piso con otros primos y hermanos, y bajó cuando llamamos a la puerta. Era alto y delgado, pero con rasgos muy parecidos a los de su hermano Jamal —mucho más bajo—, que le valieron el apodo de «el Chino». Mientras le hablábamos, él miraba de reojo por la calle para asegurarse de que no le filmábamos. Volveríamos a visitarle, para explicarle nuestro interés. Había sido estudiante de una diplomatura de comercio internacional, que tuvo que dejar a medio curso a raíz del atentado. Se ganaba la vida trabajando en un restaurante de comida rápida. En la tercera cita, unas semanas después de conocerle, grabamos una larga entrevista en un hotel de Madrid.

Nos contó que, el día de los atentados, él había ido con otros compañeros de estudios a donar sangre. También dejó claro que su hermano Jamal era como un héroe de infancia para él. Al principio nos preguntaba sobre las teorías de la conspiración; si podía ser que su hermano fuera inocente. Le dijimos que nuestra investigación era abierta, sin apriorismos. Pero, por lo que sabíamos entonces, todos los indicios que podían poner en duda que su hermano fuera uno de los miembros destacados del comando nos parecían inconsistentes.

En realidad, desde el primer contacto con él nos dio la sensación de que ya era consciente de la culpabilidad de su hermano. Estaba claramente traumatizado por saberlo y también por ser identificado como hermano de Jamal Ahmidan. Las teorías de la conspiración ofrecían un escape a muchos que querían huir de la realidad. Al mismo tiempo, no renegaba de su admiración por su hermano, a pesar de lo que había hecho. Diez años menor, Yusef recordaba con mucho cariño que había sido Jamal quien, de pequeño, le había enseñado a nadar, con el peso que deja quien te enseña algo para siempre. Jamal era quien, una vez en España, le había ayudado con dinero —como a la familia en general— y era quien le había animado a estudiar. Desde la óptica de la familia hacía tiempo que Jamal parecía haber superado su peor etapa, y se había convertido en uno de los hijos más responsables. En casa de los Ahmidan, los parámetros del éxito estaban bien marcados.

El padre era el ejemplo que era preciso seguir, un hombre muy trabajador, con un carácter «duro y recto», que exigía que sus hijos siguieran «el buen camino» para merecer la admiración del resto de la familia, de los vecinos y de la comunidad. «Quiere que sus hijos sean los mejores, que tengan estudios, un oficio, un buen trabajo digno, que puedan casarse y mantener a su familia», dijo Yusef.

El mensaje para sus hijos era que tenían que estudiar y, si era posible, que lo hicieran en Europa para volver a Marruecos con ventaja. Era lo mismo que había hecho él, pero pedía a sus hijos —que habían crecido por encima del umbral de la pobreza— un énfasis de formación profesional, ese plus que él no había tenido.

Sus hijos crecieron con conciencia del sacrificio que le supuso ir a Europa, de joven, trabajar duro, ahorrar y volver para montar negocios y comprar casas, siempre en beneficio de su extensa familia. Con Europa tan cerca, y tan presente, no probar suerte allí parecía una falta de ambición. «Tengo hermanos que se han quedado en Marruecos y están bien, pero podrían tener mucho más estudiando ellos aquí en Europa, porque aquí los estudios tienen un valor que es interesante en nuestro país.»

Una vez identificado después de los atentados, y después de morir en el suicidio colectivo en el piso de Leganés, los detalles más conocidos de Ahmidan eran su apodo (el Chino) y que había sido un traficante de drogas, supuestamente a pequeña escala. También se sabía que llevaba más de diez años en España y que en Marruecos había matado a alguien, aunque los hechos eran, por lo menos en la prensa, muy imprecisos y confusos. También se supo pronto que tenía una novia española, que luego resultó ser su esposa y madre de su hijo.

Fue precisamente ella la fuente más importante para aclarar muchos de esos detalles y para empezar a perfilar un retrato más comprensible —y aterrador— de la vida, a lo largo de los años, de Jamal Ahmidan. La llamamos Raquel, un nombre ficticio.

Tanto Raquel como su madre eran testigos protegidos en la investigación judicial. Contactamos primero con la madre, por teléfono. Sus datos aparecían encabezando su declaración en el sumario, y quedamos en un bar entre Chueca y 2 de Mayo, en la misma zona adonde Jamal llegó a Madrid en 1991, huyendo de Marruecos. Como con otros testimonios, hablamos con ella durante más de una hora y luego, pasados unos días, quedamos para hacerle una entrevista en cámara pero sin mostrar su rostro.

La madre de Raquel es una abuela joven, madre de dos hijas. Se separó del padre cuando eran pequeñas. Da la impresión de ser una mujer trabajadora y luchadora, con una buena relación con su hija mayor, Raquel, a pesar de una vida marcada por las drogas, la delincuencia y el crimen en Madrid. Había conocido a Jamal doce años atrás, cuando éste apenas chapurreaba el español y frecuentaba el centro de Madrid, recién llegado de Marruecos, en un ambiente de cierta bonanza económica y de fiesta.

Nuestro primer contacto con Raquel se produjo unas semanas más tarde. Hablamos con ella, con su madre al lado, durante un par de horas, y sólo luego concertamos una entrevista para unos días después, ante la cámara. Las dos habían colaborado activamente en la investigación judicial, una vez convencidas de que Jamal era miembro del grupo que cometió el atentado.

Como Yusef, la primera impresión que transmitía Raquel era de un sufrimiento agudo y mal superado, que se notaba en la forma furtiva e intensa en que hablaba. Mostraba desconfianza hacia los periodistas, pero al mismo tiempo tenía ganas de explicar lo que sabía: emociones muy encontradas, entre el horror de verse íntimamente relacionada con el asesino de tantas personas y el deseo de ser testigo —y portavoz— de una verdad. Quería contar, en definitiva, que el Ahmidan que había conocido era una persona querida por su familia.

«Le conocí en la primavera, casi en el verano del 92», comenzó. En esa época Raquel, con quince años, había dejado la escuela y llevaba dos o tres años fumando heroína. Vivía del robo y el tráfico de drogas. No se hablaba con su madre, que se había separado de su padre. Ya sabía quién era Ahmidan, pero del ambiente «drogata» de la calle conocía mejor a su hermano mayor, Abdelilah, que ya era un yonqui y camello conocido.

«Un día estaba yo en una plaza del barrio, llorando mis penas, hecha polvo, y apareció él, se sentó a mi lado y empezó a darme la lata... "¿Qué te pasa?" Y yo: "Déjame en paz", y le miraba. "Ay, qué hombre más feo, qué pesado", y ahí se tiró media hora, y "¿qué te pasa?", "nada, que tengo problemas, que me dejes", y "¿qué te pasa?".» Jamal se quedó varias horas en el banco insistiendo con sus preguntas, con Raquel negándose a contestar, hasta que, hacia las diez de la noche, su paciencia surtió efecto. Raquel recuerda su forma respetuosa y cariñosa de comunicarse. Preguntaba por su familia, por la escuela. «Ahí ya empecé a hablar con él y ya no nos volvimos a separar, desde el primer día», dijo Raquel.

Fue Jamal quien animó a Raquel a reconciliarse con su madre. Desde otras perspectivas es difícil imaginarlo, pero Jamal era visto en este entorno, y en algunos momentos, como salvador y protector. Además, parece que era un papel que le gustaba asumir.

Según nos contó Raquel, Jamal había llegado en 1991, cuando logró pasar desapercibido entre los turistas de un ferry con destino a Algeciras, sin papeles. Cuando la policía española le detuvo a su llegada a Algeciras, les dijo que era argelino y dio el nombre de Ahmed Ajon. En esos momentos no había acuerdos de repatriación entre Argelia y España, y además los problemas políticos en Argelia le sirvieron a Jamal como coartada para su emigración. Pronto se escapó de la policía de Algeciras. Desde su llegada a España estuvo en busca y captura, bajo la identidad de Ahmed Ajon.

Empezaría una larga serie de identidades falsas, hasta catorce según comprobó luego la policía durante la investigación. La primera detención de Jamal Ahmidan por tráfico de drogas, y bajo el alias de Ahmed Ajon, se produce en 1992, en Madrid; carece de papeles y tampoco ha solicitado la residencia.

Sólo más tarde, cuando llevaban un año juntos, Jamal desveló a Raquel cómo y por qué había salido de Marruecos y por qué no podía legalizar su residencia en España. «Me cuenta —dijo Raquel— que había apuñalado a un chico y que el chico había muerto.»

En 1994, en una visita a Marruecos, Raquel se encargó de averiguar más sobre lo que pasó, a través de la familia de Jamal y de un abogado, y sólo entonces, cuando supo de lo que estaba acusado Jamal, él mismo se lo contó todo, pero sólo una vez. «Cuando se enteró de que yo ya lo sabía, en esa época sí que habló del problema, pero luego nunca volvió a hablar de lo que pasó ese día.» En toda la investigación recogimos cuatro testimonios del episodio: Raquel, Yusef Ahmidan, un ex traficante que trabajó con Jamal y un amigo de la familia en Holanda. Todos coinciden en líneas generales, aunque varían en los detalles. Hay que tener en cuenta que para estos testigos la fuente principal es Jamal, aunque Raquel pudo también contrastar su versión con más personas.

Según la versión más completa, un día Jamal volvía de una boda a casa, compartiendo un taxi con otros chicos. Estaba borracho, y se quedó dormido durante el trayecto. Llevaba unos anillos de oro de su padre y también un walkman. Se despertó cuando el chico que viajaba a su lado intentó robarle todo aquello. Empezaron a discutir y forcejear y salieron del coche. El supuesto ladrón sacó una navaja pequeña, hubo una pelea y fue el otro el que quedó herido. Jamal se fugó. Hasta aquí los hechos son fáciles de imaginar, pero luego la historia se complica. El herido fue al hospital, se curó la herida, que no era grave, e inmediatamente después, al salir, intentó robar en un garaje. Pero el dueño lo descubrió y le golpeó con un bastón en la cabeza. El chaval murió.

Al enterarse de ello, y sin saber exactamente a quién atribuirían la muerte, Ahmidan se escondió de la policía y, unos días más tarde, se escapó a Ceuta y de allí a la Península. En su ausencia, según la versión de Raquel, quedó indefenso frente a las acusaciones. El propietario del garaje se defendió en persona, sin la sospecha que ante un tribunal comporta una huida. El juez dictaminó que había sido la herida de la navaja y no el golpe en la cabeza la causa de la muerte. La propia madre del muerto testificaría luego en favor de Jamal, diciendo que su hijo era drogadicto e incontrolable. Sea cual sea la verdad de lo que pasó, el funcionamiento de la justicia marroquí en el caso tendría otra vez un peso crucial en la vida de Jamal años más tarde, poco antes del atentado.

Desde 1991, con veinte años, Jamal Ahmidan estuvo en busca y captura, con una condena de veinte años pendiente, en su propio país. Su fama en Madrid empezó a construirse en parte porque «todo el mundo sabía que Jamal Ahmidan tenía un muerto a sus espaldas», como su amigo de entonces, Lofti Sbai, testificó en el juicio. Ese episodio impedirá a Jamal regularizar su situación, con lo que su modus vivendi no podrá ser nunca legal.

En Madrid, a principios de los años noventa, Jamal Ahmidan era uno de los muchos inmigrantes sin papeles, muchos de ellos marroquíes, y muchos de Tetuán, que vivían en el centro —en los barrios de Lavapiés, 2 de Mayo y Chueca— dedicados al tráfico de drogas, especialmente al de heroína. En aquellos años hubo un repunte en la plaga de heroína que, ya desde los ochenta, había en muchas ciudades en España. En Lavapiés, un barrio de trabajadores inmigrantes, hubo manifestaciones de vecinos en contra del narcotráfico cuando los hijos del barrio empezaron a robar, a atracar y a morir de sobredosis. El ambiente fiestero, libertario, de «la movida» madrileña estaba llegando a su fin, pero todavía generaba suficiente demanda para sostener un flujo de droga y dinero fácil para los camellos, casi siempre yonquis también, que formaban el último eslabón de la cadena de distribución.

«Era un ambiente salvaje y muy duro —dijo Raquel—. Eran unos años muy malos. De heroína, de problemas, de navajazos, de la ley del más fuerte siempre. Yo era muy dura, no me importaba nadie. Pero esos años fueron horribles. Yo no he conocido años peores que los noventa.»

Como muchos jóvenes españoles en esa época, Raquel cayó en la droga. En su caso, se aliaron los problemas familiares y la facilidad con que en la calle se conseguían las sustancias. Iba a un colegio privado, «pijo» según ella, cuando sus padres se divorciaron. Se sentía abandonada por su padre, que dejó la casa familiar, y se sentía fuera de lugar en la escuela, porque no podía competir en ropa y otras cosas con sus compañeros de clase de familias más acomodadas. Empezó a juntarse con sus amigos de la infancia, de su antiguo colegio de barrio. Desde su perspectiva adulta, ahora concluye que lo que quería era «llamar la atención», hacerse eschuchar por fuerza.

Empezó esnifando pegamento, pasó a fumar porros y finalmente llegó a la heroína.

«Un buen día me dijeron: "Toma, ¿quieres fumar de eso?". "Bueno, vale." Y era heroína —recuerda—. Me puso malísima y casi me muero, pero luego sentí que había estado tres horas sin acordarme de nada, sin acordarme de que mi padre no estaba, de que mi madre estaba todo el día trabajando para sacarme a mí y a mi hermana adelante.»

Raquel tenía unos treinta años en el momento de la entrevista, a principios de 2007. Estaba trabajando en una residencia de ancianos. Cinco años antes se había rehabilitado, mientras estaba en la cárcel cumpliendo una condena por tráfico de drogas. Salió en 2002. Explicaba que la vida rehabilitada que llevaba —trabajando, ganando un sueldo pequeño, cuidando los gastos— era mucho más difícil, pero de más valor, que su vida anterior, dejando de lado la enorme sombra del atentado, que era el fondo de todo lo que hablamos. Sus recuerdos tenían la nitidez, y la desconcertante distancia emocional, de los drogadictos recuperados.

«Para mí la otra vida era muy fácil. Después de juntarme con el Chino era la mujer del Chino, ya no me hacía falta nada más, a donde iba tenía las puertas abiertas», dijo.

La impresión que Jamal dejó desde el principio en Raquel, y luego en su madre, era la de un chico respetuoso, educado e incluso miedoso. Al mismo tiempo, y en paralelo, gozaba de una reputación muy distinta en la calle. Aunque ninguna de ellas lo dijo directamente, se entiende que la aparición de Jamal le salvó la vida a Raquel, que llevaba dos años fumando heroína. Estaba a un paso de convertirse en una yonqui de verdad, y muchos de su edad murieron en esa época, por sobredosis o por la violencia paralela al trapicheo.

«Yo nunca me inyectaba heroína y en esa época en que le conocí a él, sí que había estado como un mes tonteando, inyectada. Y gracias a él le fui a pedir ayuda a mi madre y me metieron en un centro y todo. Porque yo no me atrevía a decirlo. Si no lo hubiera conocido a él, seguro que no me habría atrevido, porque él fue quien me sacó de esos amigos, en esos días, y me llevó a su casa y me tuvo ahí.»

46

Jamal reconcilió a Raquel con su madre y pagó su tratamiento en un centro, que no tuvo éxito. Evitó que Raquel empezara a inyectarse, un paso que en el mundo de la calle de entonces representaba una línea entre la vida y la muerte, una línea que luego también marcaría un momento clave en la vida de Jamal . Pero Jamal y Raquel se quedaron de lleno en el mundo de las drogas. Raquel, con sus quince años, se convirtió en novia de Jamal, que tenía veinticinco. Su madre ignoró la diferencia de edad, agradecida porque por lo menos estaba viva, y además cerca de ella. Jamal era un traficante a pequeña escala, con un don para el negocio.

«A partir de ese momento me dediqué a estar con él. A estar los dos juntos espalda con espalda y haciendo nuestros trapicheos. Ya dejé de robar bolsos, cajeros, de robar coches, de entrar en casas; me tenía más resguardada. Delinquíamos, pero los dos.» Nada más llegar a Madrid, Ahmidan fue detenido, y varias veces pasaría estancias cortas en la cárcel, a la espera de juicio. Las sentencias por tráfico de pequeñas cantidades de droga eran tan suaves que volvía rápido a la calle.

Desde Marruecos, la familia sabía que Jamal estaba en España sin papeles y drogándose, muy lejos de lo que el padre había esperado de sus hijos. «Llegaban noticias a la familia de que estaba mal, consumiendo drogas», recordó Yusef. El padre de los Ahmidan estaba preocupado por la salud de Jamal y enojado con la vida que llevaba. «Esto para nosotros es un estado que no está bien. Que no está bien este camino. Él ya está en otro mundo. Lo que tiene que hacer es buscar una vida digna, solucionarlo.»

La relación entre padre e hijo, según Raquel, había sido conflictiva desde hacía años. El padre era con mucho el más religioso de la familia. Hacía los cinco rezos al día, era un hombre pausado, pacífico, que se quejaba cuando sus hijos veían en la televisión culebrones árabes, aunque ellos no le hacían caso y no dejaban de hacerlo.

Cuando Jamal era pequeño, su padre le reprochó una vez que no le ayudara en la tienda, que se levantara tarde de la cama y que no rezara; Jamal se rebeló, contestándole que no le necesitaba y que podía hacer sus propios negocios. Empezó a comprar y vender y a comerciar, y todavía iba a la escuela.

En Madrid, gracias a ese espíritu comercial, se convertiría en el jefe de una pequeña red de venta de heroína. «Cuando le conocí le veía trapichear con bolsitas —dijo Raquel—. Las llevaba encima. Tenía a medio barrio trabajando para él. Él llegaba y le daba a uno, toma diez gramos, cinco gramos, veinte gramos. Cada día había uno nuevo. El que subía de Marruecos acababa trabajando para él. El que salía de la cárcel acababa trabajando para él.»

Tenía una estrategia comercial especial, poco o nada habitual en el narcotráfico del barrio. Daba droga a los camellos sin pedirles un depósito. Asumía el riesgo de confiar en ellos. Normalmente funcionaba.

Uno de los pocos que consumía la droga en vez de venderla era su hermano mayor, Abdelilah, que había sido el primero de la familia en emigrar a Madrid. Durante años, la relación entre ambos hermanos fue «antinatural», con Jamal, el más joven, en el papel del más fuerte, y con más responsabilidad familiar, era él quien sacaba de apuros a su hermano mayor, incluso hasta muy poco antes del atentado.

Mostrando su capacidad de venta, Ahmidan podía conseguir cada vez más droga, tenía crédito. «Yo cuando me di cuenta de que se había metido en algo gordo fue el día que me dijo: "Acompáñame a la calle Fuencarral". Yo fui con él. Vino un chico, le dio una bolsa. "Ahora vete por la acera de enfrente y cuando llegues a casa dejas la puerta abierta, que no tenga que llamar al telefonillo y te subes para arriba." "Vale", y ya me dije: "Un trapicheo", y me imaginé hachís. Y le habían dado un kilo de heroína. Y se lo habían dado fiado, sin pagar ni un duro. Cuando él vendió eso, fue a pagar y ahí empezó a subir, de ese kilo cogió dos kilos, de esos dos kilos cogió tres, y tal...»

Sin papeles, utilizando el nombre de Ahmed Ajon, fue rápidamente conocido por la policía. Pero siempre evitaba llevar droga encima, y las veces en que fue detenido con estupefacientes, llevaba tan poca cantidad que los jueces no le condenaron a cárcel. Pasaba unas semanas en prisión, antes del juicio, en régimen provisional, y luego salía. «Todo el mundo sabía de quién era el material. Porque si le daba a veinte, quince eran confidentes de la policía y al final por eso siempre estaba perseguido», explicó Raquel.

Pese a vivir sin papeles y de la delincuencia, uno de sus estímulos y retos continuos era el de desafiar a la policía. Como muchos en Lavapiés, intentaba al mismo tiempo comerciar con ropa. Raquel recuerda una ocasión en que unos policías les cogieron en la calle con ropa de mujer, slips y bañadores, en bolsas, para vender, y quisieron humillarle instándole a que se vistiera con las prendas femeninas. Ahmidan se enfureció y atacó a uno de los agentes. Le llevaron a la comisaría, pero cuando llegó a juicio, por desacato a la autoridad y agresión a un agente, quedó absuelto porque denunció a la policía por malos tratos, y el forense le apoyó porque tenía el cuerpo lleno de hematomas. Aprendió la lección de denunciar malos tratos para restar credibilidad a las acusaciones en su contra. Además, engañar a la policía era un orgullo casi «profesional».

Pero el elemento fundamental de su carácter, lo que haría viable su negocio, era otro: la violencia. Su lado generoso, educado, incluso cariñoso y respetable —le gustaba vestir bien cuando la ocasión lo merecía y él podía—, escondía una tendencia a la violencia extrema que se convirtió pronto en su fama y su arma. Tomaba tranquilizantes, que en su caso tenían exactamente el efecto inverso. «Su gran problema eran las pastillas, los tranquimazines, los reinoles, porque le ponían muy loco, muy agresivo —dijo Raquel—. Se tomaba dos pastillas, salía a la calle y enseguida sacaba el cuchillo. Nunca iba a matar, nunca iba al corazón, siempre iba a las piernas, el culo, el brazo. Había veces que llegué a la conclusión de que se comía a propósito las pastillas y se iba a la calle a buscar lío.»

Los incidentes que protagonizaba el Chino se fueron convirtiendo, gracias a los rumores y al boca-oreja, en uno de los instrumentos más útiles de su negocio. Se labró un prestigio basado en la violencia, y este cartel mantenía su forma de hacer negocios. Ante Raquel, Jamal justificaba su violencia diciendo que quería morir, que no le importaba la vida, porque no podía volver a ver a su familia «nunca más» en Marruecos. Sus ganas de enfrentarse a cualquier amenaza, por fuerte o numerosa que fuera, le dio fama de valiente. «A veces veía acciones suicidas», recordó Raquel, en el sentido de que Jamal tensaba las situaciones para llevarlas al extremo, importándole menos el riesgo de morir o ser herido que el de ser humillado.

También decía, con un punto de culpabilidad —clave para entender la dirección que su rabia tomó más tarde—, que «merecía morir». Vivía pensando en la muerte. Su amor, incluso ternura, hacia su familia contrasta con su brutalidad con cualquier persona que se le cruzara. Veía racismo en los gestos de los camareros que le servían el café en el barrio; era hipersensible a cualquier detalle que le pareciera falta de respeto. Un ex traficante nos contó cómo casi mata a un hombre, ante sus amigos, por algún comentario que no le gustó, con la primera «arma» (un paraguas) que encontró a mano.

Al mismo tiempo, con el dinero de su pujante negocio se evadía en la alocada fiesta nocturna madrileña de aquellos años. «Con la cocaína éramos los dos como un saco sin fondo —recordó Raquel—, no acabábamos nunca. Me acuerdo de una época de consumir muchísimo, y de llegar a una discoteca y cerrarla toda la noche. Sacar un millón de pesetas del bolsillo y cerrar la discoteca para nosotros y llamar a amigos y ¡venga amigos y venga botellas de whisky y rayas de cocaína!, y ahí en mitad de la discoteca. Cerrábamos la discoteca y nos tirábamos el fin de semana con la discoteca cerrada.»

Lo pasaba bien. Bailaba, como cualquier chico de su edad. Le gustaba compartir esas noches con los que consideraba amigos. En ese aspecto banal, su carácter era radical: era generoso con sus amigos, pero les exigía total lealtad. En cierto modo, aplicaba los mismos parámetros a su negocio: distribuía la droga antes de cobrarla, pero pobre del que le traicionara. «Si le hacían una putada, o le debían dinero, o se la habían comido [la droga], no hacía falta que estuviera con pastillas o drogado para que [a uno] le cogiera del cuello», dijo Raquel. Era consciente de la línea fina que le mantenía en la cima de la jerarquía brutal y frágil en su pequeño campo de negocios. «Primero respeto, y segundo que de él no se reía nadie. Era muy respetado y muy temido —recordó Raquel, recalcando sus palabras con la entonación—. El respeto se lo ganaba por su forma de ser, por su forma de actuar, pero hay muchos otros que le respetaban por miedo. Le hacían algo, o a mí, o a mi hermana, se iba a por él, sin pensarlo, pero luego al que necesitaba su ayuda se lo daba todo.»

En una ocasión, Jamal estuvo a punto de matar a un amigo de la escuela de Raquel, uno de los que la habían introducido en el consumo de heroína. Una joven drogadicta conocida de Jamal se le había insinuado y, mientras éste y Raquel discutían por celos, había pasado el viejo amigo por la plaza del barrio y había pasado cariñosamente el brazo por el hombro de Raquel, azuzando sin querer aún más la discusión. De golpe Jamal le apuñaló en el estómago con un cuchillo grande. Se había tomado varias pastillas. Según Raquel, ella tuvo que llevárselo de la escena de la pelea. Cuando llegaron a la pensión, se desplomó y se durmió.

Horas más tarde, se levantó y se fue a «buscar líos» en el metro. Atacó a unos guardias de seguridad con el cuchillo, pero quien quedó herido fue él. Fue llevado al hospital. Por casualidad fue a parar a la misma sala del hospital en que se recuperaba su víctima de la plaza. La policía visitó a aquel herido para que denunciara al Chino como agresor. Pero Jamal le compró el silencio con una dosis de heroína que llevaba encima. Lo mismo hizo para evitar la venganza de los hermanos de aquel tipo, también drogadictos violentos. Raquel recuerda el desprecio que Jamal expresó por una familia cuyo honor se compraba con una dosis.

Aparte de demostrar reacciones de una visceralidad extrema, rayana en lo paranoide, el episodio puso de relieve la necesidad de abandonar Madrid por un tiempo. Jamal tenía demasiado bagaje en la espalda, demasiados policías le conocían. Decidieron, ella con quince o dieciséis años y él sin papeles, ir a visitar a un cuñado de Jamal que trabajaba de pescador en Canarias. Allí, durante un año aproximadamente vivieron más tranquilos, desenganchándose de la droga y las pastillas.

Al principio, y como medio de subsistencia, siguieron traficando. Vivieron en la playa de los Ingleses, en Tenerife. Según Raquel, fue un momento importante para Jamal. Se dio cuenta de que estaba enamorado, de que había esperanza para una vida normal y quizá para un eventual retorno a Marruecos, a ver a su familia, especialmente a su madre. Si la relación con su padre había sido siempre tensa, Jamal adoraba a su madre, Rahma. «Siempre estaba preocupado por su madre, me decía: "Compra esto para mandárselo a mi madre", regalos, ropa, cualquier cosa, siempre estaba pendiente de su madre», recordó la madre de Raquel.

Aparte de la necesidad de ingresos, su atracción por el tráfico era demasiado fuerte, especialmente si era arriesgado y ofrecía la posibilidad de humillar a la policía. Una vez, Jamal supo de un alijo de treinta o cuarenta kilos de hachís, decomisado por la policía y almacenado en el puerto de Tenerife. Lo robó y lo vendió, con doble satisfacción. En una isla pequeña como Tenerife, lo más prudente era huir, antes de que la policía los descubriera. Era mediados de 1994, y había otro motivo para regresar a Madrid. Raquel estaba embarazada, Jamal iba a ser padre.

4

El discípulo

1998-2001

Al edificio se le conoce popularmente como «de la M-30» porque se asoma a la ronda viaria de Madrid del mismo nombre. Es un edificio imponente, de mármol blanco, con un diseño que destaca de tal manera entre los bloques de pisos a su alrededor que parece haber sido trasplantado desde la orilla de un río imaginario de Oriente Próximo. Su nombre oficial es Centro Cultural Islámico de Madrid. El local religioso es sólo una parte de un complejo más extenso, inaugurado en 1992 por el príncipe Salmán Ibn Abdulaziz al-Saud, hermano del rey Fahd de Arabia Saudí, en presencia de los reyes de España, Juan Carlos I y Sofía, en una ceremonia muy en sintonía con el momento histórico. En ese año olímpico, con la celebración de los Juegos en Barcelona, España rechazaba orgullosamente el lado intolerante de su historia en el quinto centenario de la expulsión, en 1492, de moros y judíos. España reivindicaba de forma optimista y hasta satisfecha su particular *melting pot*, sus orígenes de mezcla de culturas. El gobierno socialista de Felipe González había impulsado el año anterior una gran conferencia de paz en Madrid, en la que había conseguido reunir en un ambiente de cierta esperanza a israelíes y palestinos, en un alarde diplomático que no sólo constituía un fin en sí mismo, sino que ante los socios europeos y ante Estados Unidos presentaba a España como un país avanzado y capaz de sentar en la misma mesa a enemigos ancestrales.

En este contexto, la ciudad de Madrid cedió el terreno para la mezquita. Arabia Saudí donó los veinte millones de dólares para las obras. Oficialmente es propiedad de la Liga del Mundo Árabe, que se financia con las cuotas de varios países, el más rico y generoso de los cuales es Arabia Saudí. Todos los directores del centro desde su inauguración han sido saudíes de nacimiento o de formación.

Una de sus funciones explícitas desde el principio fue la de ejercer como puente entre religiones y culturas, esto es, entre la España católica y la laica y el islam. Y, más específicamente, con el islam tal como se entiende en Arabia Saudí. El imán ha sido desde 1995 —y hasta la actualidad— Mahmud Moneir. Nacido en 1960 en Egipto, es un ulema conocido, con libros publicados sobre la interpretación del Corán, que pasó ocho años en Arabia Saudí antes de aterrizar en Madrid.

Más allá de su papel como mezquita, el recinto de la M-30 desempeña una poderosa función como epicentro de la vida de los musulmanes en Madrid. Allí acuden a rezar, pero también para verse en la cafetería o el restaurante, estudiar en la biblioteca, llevar a los niños a la escuela musulmana —concertada con el Estado—, consultar al imán, casarse, hacer cursos, comprar en alguna de las tiendas que se han instalado a su alrededor, organizar actividades culturales y, sobre todo, conocer a compatriotas o vecinos de fe, buscar ayuda en una ciudad nueva, hacer negocios y discutir.

Cuando tras el atentado del 11-M se supo que Sarhane Ben Abdelmajid era uno de los líderes del grupo responsable, rápidamente trascendió que había pasado tiempo en la M-30, que incluso había trabajado allí y que era conocido del imán y de la dirección del centro. En los documentos judiciales encontramos continuas referencias a su paso por el centro, los nombres de algunas de las personas con las que se relacionó y algunos atisbos de conflictos. Pero todo explicado con la tercera persona burocrática del escrito policial, escueto y fragmentado. En el verano de 2005, la primera vez que fui a la mezquita, sabía que ya habían pasado por allí muchos periodistas preguntando por lo mismo, y que seguramente los directores tendrían ganas de hablar de cualquier cosa antes que de terrorismo.

Empezamos tomando un té con Mohamed Afifi, un egipcio afable, director de relaciones públicas, en su despacho en la primera planta. Había trabajado en las Naciones Unidas en Nueva York, y eso se notaba en su porte diplomático. «Los terroristas musulmanes son muy pocos y nos perjudican a nosotros y nuestra imagen, y queremos que separe a la mayoría de esta minoría y de la religión musulmana.» «Es muy difícil ponerse en la cabeza de los demonios.» «Nosotros no somos responsables de la conducta de las personas, somos responsables de nuestra conducta como institución, como mezquita.» Hablamos de política internacional. Por un lado, criticaba las injusticias que sufren los musulmanes, y por otro hablaba del terrorismo como una lacra que también sufren los musulmanes hace tiempo y que «es enemigo de todos los que queremos la convivencia».

Viendo ya que la reconstrucción de lo que pasó en la M–30 alrededor de Ben Abdelmajid sería muy largo, con la dificultad de grabar testimonios en cámara, decidimos pedir una entrevista con Afifi. Aceptó, aunque sólo fuera para recalcar la poca importancia del paso de Ben Abdelmajid por allí. Lo mencionó sólo una vez.

«Sarhane era un estudiante brillante, becado para intercambio cultural entre Túnez y España, para hacer estudios económicos. Entonces, no era una persona ignorante, desde el punto de vista académico. Esta persona ha estado aquí y venía aquí a rezar algunas veces, pero de eso hace tiempo...»

«No se puede saber quién es terrorista, puede ser una persona muy peligrosa y hablar en voz baja.»

La posición oficial era comprensible. Sólo mirando atrás, con muchos más testimonios, los comentarios de Afifi tienen cierta resonancia y dan un poco de contexto al paso del educado Sarhane por el centro.

Que Sarhane era una persona mucho más conocida en la mezquita de la M-30, que frecuentó durante varios años, lo descubrimos poco a poco.

En 1998, Muad Benkhalafa tenía dieciséis años e iba a la escuela de la mezquita, donde le faltaban dos cursos para acabar el bachillerato. Encontramos su testimonio y su teléfono en el sumario judicial. Cuando le llamamos, era un veinteañero que trabajaba en la construcción.

Muad vestía con cierto estilo, con un gorro de rezar blanco y una ajustada chaqueta negra, y era bajito y físicamente poca cosa. Tenía el aire de alguien sanamente ambicioso —había montado su propio negocio antes del 11-M, y decía que ganaba un buen dinero— y con ganas de comunicar. Parecía inteligente y juvenil a la vez. Hablaba bien en castellano, con acento árabe y argot madrileño de albañil.

La primera conversación, como no podía ser de otra manera, fue para explicarle el espíritu del documental. La motivación básica era entender en la medida de lo posible, y para el bien de todos, a las personas que habían liderado la célula, especialmente a Sarhane. No iba, por descontado, en contra del islam.

También se trataba de medirle como fuente. Cuando acabó nuestra primera entrevista tuvimos una duda. Su proximidad a Sarhane durante varios años era muy valiosa. Lo que decía encajaba, no era fanfarrón. A veces se explicaba con dificultad pero en general se le entendía bien. La duda era: ¿por qué hablaba?

Ya pensábamos que sería muy difícil hacerle una entrevista

en cámara. Luego comprendimos que, como otros, tenía ganas de explicar su parte de la verdad sobre su amigo. Los que habían compartido parte de sus vidas con los responsables de la tragedia del 11-M, y muchas veces han sido culpados por su proximidad, tenían una necesidad personal de entender lo que pasó. Muad se convirtió en una fuente importante del documental y de este libro.

Muad había conocido a Sarhane en la mezquita de la M-30 alrededor de 1998, cuando éste perdió la beca y empezó a trabajar allí. «Era una persona seria, callada, no hablaba mucho, tenía buen trato con la gente», dijo. En su nuevo entorno Sarhane, el intelectual tunecino de clase media entre inmigrantes generalmente trabajadores, podía hacer amigos rápidamente. «Era muy fácil tener amistad con él, si le preguntabas cualquier cosa te respondía, si tenías cualquier problema te lo resolvía.»

Cuando la investigación avanzó, encontramos otra fuente para esa época, un hombre unos quince años mayor que Sarhane, a quien citamos como Mohamed. Su testimonio también aparecía en los papeles judiciales: era breve, sin mucha importancia policial, pero denotaba que había tenido contacto sostenido y directo con Sarhane.

La primera vez que vimos a Mohamed, en la pequeña oficina a pie de calle de su negocio de construcción e inmobiliario, hablamos largo rato. Cuando volvimos días más tarde para hacer una entrevista en cámara, nos pidió que no mostráramos su cara. Dijo haber sufrido torturas en Jordania. No tenía miedo de hablar de Sarhane, pero pidió quedar en el anonimato porque temía perjudicar a su hijo en la escuela.

Nos contó que había pasado tres noches sin dormir después de ver la cara de Sarhane en la prensa tras el atentado. No podía concebir a un Sarhane violento. Le había conocido de cerca, desde el primer día en la mezquita hasta unos días antes del atentado.

Mohamed es un hombre práctico, comunicativo y muy religioso. Nuestra conversación era interrumpida con frecuencia por sus clientes españoles, que abrían la puerta de cristal que daba a la calle para hablar de trabajo. Mohamed respondía con amabilidad, con el ritmo agradable y lento que tienen muchos árabes en sus relaciones personales. Se notaba que era uno más del barrio.

Como Sarhane, estudió en la universidad; en su caso, en la Complutense. Su origen jordano le situaría a priori en el lado culto del espectro de inmigrantes musulmanes en Madrid. Mohamed había pasado mucho tiempo pensando en el enigma. Aunque le costaba reconocer que Sarhane era un asesino, en contraste con muchos otros musulmanes que se aferraban a las estrafalarias teorías de la conspiración, que hablaban de un complot de las fuerzas de seguridad, lo había aceptado. Tenía mucho que decir sobre su viejo amigo y ganas de hablar.

Como Muad, Mohamed conoció a Sarhane en 1997 o 1998 en un pequeño grupo de hombres que solía asistir al primer rezo de la mañana, a las seis. Un par de filas de personas en el gran espacio de la mezquita, con sus pilares de mármol rojo y azul, parcialmente iluminado en invierno, y con la cálida luz del amanecer en otras estancias. Aquellos que querían susurrar el Corán con el imán, el reconocido sabio en la materia, se quedaban después del rezo. «Cada día por la mañana tenemos un encuentro para recitar el Corán con Moneir, y él estaba allí con nosotros, para aprender. Físicamente era joven, regordito, blanco, el pelo siempre desordenado —dijo Mohamed de Sarhane—. Y muy cordial, nunca lo ves nervioso, gritando. A la gente le gusta una persona así. Y es servicial, si lo necesitas lo encuentras y no pide nada. Es un chico tranquilo, frío, amable.»

Su frialdad era bien vista, como un bien escaso en un entorno a menudo ruidoso y conflictivo.

Las primeras impresiones eran tan positivas como las que habíamos recibido en la universidad, pero con una diferencia: en la mezquita su aire intelectual tenía más distinción, y el efecto de su humildad y de sus buenos modales le otorgaba una categoría especialmente atractiva.

Al principio, por timidez o respeto, había estado callado en las sesiones de estudio de la mañana. Después de recitar el Corán, entre las siete y las ocho, se abría una discusión con el imán, en la que se podía tratar cualquier tema. Como religión, el islam lo abarca todo.

«Eran charlas normales de cómo está el mundo, los musulmanes, Occidente, charlas normales —explicó Muad—. Sarhane no hablaba, no opinaba, solamente escuchaba. Se hablaba de los árabes, de los presidentes árabes, de Estados Unidos, Palestina. Eran temas normales que se discuten.»

Según Mohamed, se hacían muchas preguntas sobre frases o ideas del Corán que los presentes no entendían o no sabían interpretar, y por eso buscaban a alguien como Moneir en quien se pudiera confiar, alguien capaz de dar la explicación correcta. Mientras el proceso de hablar con personas que habían conocido a Sarhane avanzaba lentamente, nos planteamos una entrevista con Moneir, y unos meses después de hablar con Afifi volvimos al centro para entrevistarle.

Nos recibió —después de numerosas llamadas y faxes— con una sonrisa paciente, la invitación a té o café, la disposición a escuchar nuestro discurso —aunque seguramente ya lo conocía a través de Afifi— y, sobre todo, con una idea muy clara de lo que quería comunicar.

Tiene un despacho en la planta baja, que da a la antesala de la mezquita, donde todos los hombres y los chicos —sólo varones— dejan los zapatos antes de subir unos peldaños y entrar en el bosque de columnas. Moneir viste al estilo árabe, con túnica bordada, y se pone un gorro amplio para los rezos. Su despacho, estrecho, es como el de un académico. En un lado hay estanterías de madera oscura con libros, al fondo una mesa de trabajo y, en medio, sofás de cuero negro alrededor de una mesa baja, de vidrio, perfecta para tomar café. El aire general de la estancia es como de servicio público, más de prestigio que de dinero, como el centro en general.

El coordinador de cultura del centro, un saudí joven, también sonriente, nos acompañaba. Después de las explicaciones acerca de nuestras intenciones e intereses, fuimos a la biblioteca, en la primera planta, con un fondo de libros y luz natural para grabar la entrevista, en castellano, que Moneir hablaba con cierta dificultad. El joven se quedó al lado fuera de cámara, para ayudar a Moneir con algunas palabras.

Volveríamos a hablar con Moneir en otras ocasiones, pero fue la única entrevista en cámara. Había sido tan breve, y tan al principio de la investigación, que salimos del centro con Jim, nuestro cámara, pensando que no la íbamos a utilizar y que tendríamos que volver más adelante para repetirla. Luego, cuando logramos más testimonios, nos sirvió, como sirve una pieza monocolor en un puzzle, que al principio no revela nada pero al final encaja. Cobraba significado sólo en el contexto. Buscábamos lo concreto, y Moneir hablaba de generalidades.

Sólo luego supimos de qué hablaba, pero de todos modos era muy importante conocerle. Es una figura central para comprender la evolución de Sarhane y es un hombre, como imán, con un papel muy difícil. Todos los viernes dirige los rezos ante miles de musulmanes.

La mezquita está a menudo llena a rebosar, con creyentes de todo tipo. Unos vestidos como Moneir, al estilo árabe, y una gran mayoría con ropa occidental; hay algunos africanos negros, otros con aspecto de proceder de Oriente Próximo, con fisonomías muy parecidas a las españolas, y la gran mayoría son árabes del Magreb.

La principal función de Moneir es la de guía espiritual, que él mismo definió: «Para coger a los musulmanes que no entienden bien, que están fuera de la rectitud, y darles buena luz, de rectitud, e indicarles qué es el verdadero islam». Su trabajo diario consiste en contestar las constantes preguntas y resolver dudas.

Los discípulos más devotos asisten a sus clases de Corán por la mañana, tras el primer rezo, que suele ser a las seis. Era previsible que el aplicado y serio intelectual Sarhane Ben Abdelmajid se encontrara allí cuando hizo la transición, del campus universitario a la mezquita.

Sarhane se expresaba ante sus compañeros de estudios como un idealista. Pero durante toda su vida en España su camino estuvo condicionado por cosas de naturaleza práctica, básicamente económicas: cómo ganarse la vida. Cuando perdió la beca, la mezquita se ofrecía —como para muchos otros, y entre otras cosas— como un lugar donde encontrar empleo o al menos abundantes contactos para ello. En junio de 1998 fue contratado por la mezquita como contable para el restaurante.

Mohamed se acordaba de Sarhane como una de las más o menos quince personas que se juntaban con regularidad después de la oración alrededor de Moneir para recitar el Corán y aprender.

Un tercer testigo de aquellos rezos era Abdulá Durra. Jordano como Mohamed, estuvo en una serie de debates que serían cruciales entre los musulmanes en Madrid y, en especial, en la trayectoria de Sarhane.

Abdulá había llegado a España en 1999, tras haber estudiado leyes islámicas en su país, para cursar un doctorado, como Sarhane, pero en su caso en la Universidad Autónoma de Madrid y sin beca. Conocería a Sarhane de cerca, dentro y fuera de la mezquita.

Abdulá era un hombre culto, dialogante y seguro de sus conocimientos islámicos. Unos años más joven que Sarhane, su aspecto bien podría ser europeo, con piel blanca y pelo negro muy corto. Su nombre aparecía a menudo en los papeles judiciales, en los testimonios de otros, pero no dábamos con su declaración. Diego Salazar, nuestro productor en Madrid, le encontró en la mezquita, donde daba clase los sábados.

Abdulá admiraba mucho a Moneir, como Mohamed. Cuando llegó a Madrid, como casi todo musulmán practicante e inmigrante en busca de orientación, consejos, piso o alguna forma de ganarse la vida, acudió a la mezquita. También asistía a las clases de Corán de Moneir junto con Mohamed y Muad.

Recordaba que en los rezos de la mañana el grupo lo integraban más o menos treinta personas y que solía quedarse en la mitad cuando comenzaba la jornada laboral, y recordaba cómo apreciaba la sabiduría de Moneir en su forma de corregir a los alumnos.

Después de la lectura, los presentes hacían preguntas sobre el significado de las aleyas o versículos del Corán, o sobre cualquier otra cosa, desde acontecimientos recientes a costumbres o puntos de la legalidad islámica. El islam se puede aplicar a todos los aspectos de la vida y las dudas pueden ser, por tanto, infinitas.

«Yo he visto, por ejemplo, una persona que lleva un vestido de esta forma: ¿puede ser o no? Había muchas preguntas de jurisprudencia, saber si esto es halal o haram, lícito o ilícito», dijo Abdulá.

En aquella época, en 1998, el movimiento islamista en el mundo árabe estaba en un punto álgido. El enfrentamiento entre Estados Unidos y la Unión Soviética ya había dado paso a guerras y desafíos entre Washington y varios nuevos enemigos musulmanes, especialmente en Irak, pero también en Afganistán, Irán y Palestina. Aquel año, Osama Bin Laden —que sólo llevaba un par de años bajo investigación de la CIA como «financiero islamista»— declaró la guerra contra Estados Unidos en un comunicado publicado en el diario *Al-Quds al-Arabi* en Londres. Salió en portada, pero ni siquiera era la principal noticia.

Unos meses más tarde, en agosto de 1998, 214 personas murieron y varios cientos quedaron heridas al estallar sendas bombas en las embajadas estadounidenses de Kenia y Tanzania. La amenaza iba en serio.

Mientras tanto, en la mezquita de la M-30 de Madrid, Abdulá convivía con una comunidad musulmana fragmentada, con pequeñas rencillas. El ambiente le sorprendió. No había, como en Jordania, una sensación de cohesión social entre los fieles. Luego entendió que se debía en parte a la mezcla de culturas, de países muy distintos, de clases y niveles de formación diferentes, entre todos los musulmanes residentes en Madrid. Pero también había desacuerdos y gente que no se hablaba a menudo por cuestiones personales o de dinero, más que de religión o política.

En un país rico, la condición de inmigrante, de musulmán con ganas de formar una familia y hacerla prosperar, conlleva una fuerte presión. «Cuando unos hacen un negocio juntos y sale mal, rompen no sólo el negocio sino la relación. Había casos diferentes. Podía haber motivos religiosos en los desacuerdos, pero también pueden ser de comercio, o fruto de algún malentendido.»

Al mismo tiempo, y como subrayó Çiftçi, uno de los amigos universitarios de Sarhane, para muchos musulmanes la otra gran sorpresa al emigrar a España era la libertad de que disfrutaban. Paradójicamente, la mezquita de la M-30 permitía una práctica absolutamente libre del islam, la que cada uno eligiera. Una práctica incluso más libre que en sus países de origen, donde la policía secreta desempeña un papel central en la vigilancia de las mezquitas.

El miedo al islamismo en casi todos los países musulmanes era y es tan presente que, como explicó Abdulá, hacer los cinco rezos al día podía atraer la atención de la policía. En la M-30, en cambio, ser devoto a ninguno le causaba problemas. «La libertad de poder ir a la mezquita, la libertad de poder opinar y criticar y decir lo que realmente piensas sin miedo, sin ser juzgado luego por tu pensamiento... Claro, esto no lo teníamos. Yo creo que todos los musulmanes de aquí tenían dictadura en sus países. Todos, aunque aparentemente se habla de democracia, realmente es ficticia, una tapadera de la dictadura real», dijo Abdulá.

«El hecho de que haya más libertad aquí hace que haya más diversidad de ideas en la comunidad islámica. Pero me ha gustado en general por lo menos tener la libertad de ir y rezar con normalidad, sin ningún problema. Porque a lo mejor en algún país árabe sí habría problemas si va a rezar todos los rezos en la mezquita o si uno reza el fajr, el primer rezo del alba, si uno lo reza siempre tendrá algún problema, pueden empezar a pensar "éste puede ser radical" e investigarle. Es común entre los radicales hacer esto, rezar mucho, porque... La palabra *radical* no es exactamente la palabra porque realmente los que se desvían un poco son extremistas, llevan la religión a rajatabla, claro que rezan mucho, claro que hacen muchísimo ayuno, hacen muchísimas cosas de religión muy buena.» Para Abdulá, es muy fácil confundir a alguien que simplemente quiere entregarse a su religión y practicarla rezando y haciendo «cosas buenas» con los más extremistas, porque superficialmente tienen cosas en común.

Muchos de los emigrantes musulmanes tenían entre sus planes vitales el de volver a su país, y eso era un freno para aprovechar la libertad que tenían en España y expresarse. Pensaban que posicionarse en una tendencia u otra del islam podía ser tenido en cuenta al regresar a sus países y optaban por no pronunciarse, nos explicó Abdulá. Muchos de ellos sabían que la policía infiltra agentes en estos recintos para saber qué tendencias imperan o aparecen.

Aunque Sarhane era callado, en su círculo inmediato se sabía que estaba claramente interesado, hasta la obsesión, en el dogma islámico. Pasaba horas en la biblioteca de la mezquita. Alrededor de su mesa en el despacho de la universidad empezaron a amontonarse libros publicados por la editorial del recinto religioso.

«Dedicaba muchas horas a investigar. Nosotros, en el islam, tenemos muchas explicaciones, dogmas. Si uno quiere estudiar todas estas cosas, le salen muchas preguntas», recordó Mohamed.

Al mismo tiempo, cuando empezó como alumno de Moneir, Sarhane se hizo muy conocido por su otra faceta social: sus ganas de jugar al fútbol. Los domingos, después de la clase y la charla del jeque, muchos de ellos iban a un terreno cerca de la mezquita para jugar. Así fue durante cuatro o cinco años.

Muad, Mohamed y Abdulá se acuerdan muy bien. Incluso Çiftçi, en una de sus visitas a Madrid, vio jugar a Sarhane. Hasta Moneir iba a veces. Hacía de árbitro, como trasladando a la cancha su función en la mezquita. De Sarhane recuerda que tenía más interés que habilidad.

«Le gustaba el deporte —dijo Mohamed—. He jugado con él. Corre detrás del balón. No es un buen jugador, pero corre... suda detrás del balón.»

No tenía mucha técnica, como otros que jugaban, pero caía bien por su compañerismo. «Era alto y gordo, un buen defensa», recordó Muad. En contraste con su paso por la universidad, sus conocidos de la mezquita le recordaban con afecto y hasta humor, especialmente con los más jóvenes. Por ejemplo, Muad recordó una carrera con Sarhane para llegar a tiempo a los rezos, ambos riendo; Mohamed, sus reacciones generosas cuando jugaba al fútbol. «Mira, si viene un chico, se mete contigo y te derriba, te enfadas, es normal. Es un juego entre amigos, y los hijos de los amigos. Con él [Sarhane], no. Lo lleva tranquilamente, aunque el otro lo ha derribado. Es distinto. Lo que yo he visto más es cariño.»

Una vez más, en el retrato de Sarhane predominaba la templanza de carácter y una ausencia total de agresividad.

Se integró sobre todo en la comunidad que más frecuentaba la mezquita, especialmente con los más necesitados, y en esa época empezó a ofrecer habitaciones en su nuevo piso, en el barrio acomodado de Tetuán, a quien buscara alojamiento. Así hacía amigos, cumplía con la tradición musulmana de la hospitalidad, ayudaba a recién llegados sin un colchón donde caer, y cobraba un poco de alquiler.

Abdulá, que a su llegada a Madrid había rechazado una habitación de Sarhane por demasiado pequeña, cambió luego de opinión porque era muy barata. Vivió varios meses con él. Sarhane se granjeó fama de hospitalario, atributo del buen musulmán. Con ellos vivieron también dos hermanos marroquíes que siempre se apuntaban a los partidos de fútbol. Mientras fue de Sarhane, en ese piso hubo un total de diecisiete personas censadas: marroquíes, sirios, iraquíes, egipcios, argelinos, tunecinos y un bosnio musulmán.

«Cuando encuentra a chicos sin casa, que están buscando una casa de alquiler, él los recibe en la suya y la comparte con ellos», dijo Mohamed. Era una opción más barata y favorable para inmigrantes sin sueldo.

En casa, Sarhane se dedicaba sólo a sus impulsos intelectuales. No limpiaba, no cocinaba. Sus inquilinos solían quejarse de que no colaboraba en las tareas domésticas. Su comida preferida eran los plátanos: fácil de engullir, casi comida rápida, *halal*.

«Eran dos habitaciones y un salón —dijo Mohamed—. Me acuerdo de que cuando lo visité en el salón había una estantería con muchos libros, un paquete de libros, un libro abierto aquí, allí, camas sin hacer, la cocina patas arriba. Normal entre la gente soltera, estudiantes.»

En su pequeño reino, Sarhane mandaba sobre el comportamiento de sus inquilinos y les exigía hábitos de musulmanes practicantes. «Si entraba uno y no rezaba con él, entonces se enfadaba un poco —recordó Muad—. Rezaban cuando llegaba la hora.» «En un piso donde vive un musulmán no se puede traer bebida, no se puede traer jamón. Él sabe que esa gente son musulmanes como él, y no lo toman.»

La diferencia entre la universidad y su nuevo entorno era obvia para Çiftçi, que seguía en contacto esporádicamente con Sarhane cuando viajaba a Madrid. Cuando se quejó a Sarhane de que nunca le llamaba —todavía en la era anterior al móvil—, éste le replicó que podía encontrarle siempre en la mezquita. Çiftçi pudo comprobar que allí, en esa época, a finales de los años noventa, todo el mundo le conocía. Podía localizar a Sarhane preguntando al portero.

«En la mezquita, desde la gente de limpieza hasta lo más alto, todo el mundo conocía a Sarhane. Alrededor de la M-30 todos los musulmanes que viven allí conocían a Sarhane. Si uno dice que no conocía a Sarhane, es mentira. Es verdad que no era sociable con los demás, pero con su gente era muy sociable», recordó Çiftçi.

Su estatus había cambiado drásticamente. En vez de ser un tipo raro, incluso entre otros árabes, en el mal sentido, empezó a ser respetado por ser excepcional, en el buen sentido: sociable y cariñoso, y además culto, generoso y devoto. Un buen musulmán y, por lo tanto, fiable. Después de su fracasada integración en la universidad, se puede imaginar el alivio que podía sentir en su nuevo ambiente.

«Alrededor de Sarhane no había amigos que criticaban a Sarhane, había gente que adoraba a Sarhane», recordó Çiftçi.

«Era buena persona —dijo Muad—. Una persona que escuchaba. Era muy generoso, a mí me prestó muchas veces dinero.» Eran detalles, dos mil pesetas, unos doce euros, cantidades pequeñas, o no tan pequeñas si consideramos que los ingresos de Sarhane en la época no eran muy elevados.

Su carisma tuvo mucho más éxito en su nuevo ámbito. Desempeñaba ya un papel de líder intelectual, de modelo que seguir, cuando llevaba a sus nuevos amigos a la universidad para navegar en internet, aquella nueva ventana al mundo con la que uno podía asomarse a cualquier lado. Pero su forma de expresarse, siempre muy educada, parecía no tener nada en común con las voces más críticas y alteradas que empezaron a escucharse en la M-30 en esa época.

Al mismo tiempo, Sarhane se abrió a otras influencias muy diferentes. Fue la primera vez que la policía tomó nota de su nombre. Sin beca, con un sueldo pequeño por su trabajo en la M-30, y con el alquiler imprevisible de los más pobres, empezó a buscarse la vida como comerciante. Esto le llevó directamente a Lavapiés, el barrio céntrico, de inmigrantes, especialmente marroquíes, donde reina el comercio a pequeña escala, legal e ilegal.

5

El traficante

1994-2000

A mediados de 1994 Jamal, con veintitrés años, estaba buscado por las policías marroquí y española, no tenía trabajo, ni papeles legales, ni casa propia, y padecía una adicción mal controlada a varias drogas. Al mismo tiempo estaba enamorado de una española, menor de edad, cristiana, adicta a la heroína fumada y que esperaba un hijo suyo. Los dos habían vuelto a Madrid, huyendo del acecho de la policía en Canarias, exactamente de la misma forma que habían salido de Madrid meses antes, dejando un rastro de causas y pistas que se acumulaban detrás de ellos.

En la mentalidad de alguien como Jamal, altivo pero calculador, decidido a complacer de algún modo las aspiraciones familiares respecto a los hijos emigrados a Europa, la vuelta a Madrid, para empezar de nuevo desde cero, suponía un reto decisivo, y parece que él era consciente de ello.

Probablemente con dinero de la última operación de narcotráfico y seguramente con papeles falsos, a los pocos días de llegar a Madrid, y con Raquel en casa de su madre, Jamal se desplazó a Amsterdam. Se fue allí para reencontrarse con su hermano mayor,

71

Mustafá, que entonces trabajaba en el mercado de pescado. Era la primera vez que visitaba a su familia en Holanda: varios hermanos de su padre se habían quedado en aquel país cuando él volvió a Marruecos, y habían prosperado. Mustafá seguía los pasos de su padre, un trabajador marroquí más en Europa en busca de fortuna, con la seguridad de tener tíos y primos en el país en los que apoyarse en caso de dificultades. Tanto la conexión con Holanda como la renovada relación con Mustafá —que acabó trasladándose a España para vivir y trabajar con Jamal en sus negocios— tendrían consecuencias importantes para el futuro de éste.

Pero antes, cualquier plan que Jamal tuviera para salir del paso se truncó. A la vuelta a Madrid, dos meses después de salir de Canarias, fue detenido —como Ahmed Ajon— y condenado por tráfico de drogas. Esta vez la policía consiguió un caso suficientemente contundente para una sentencia firme de dos años, cuatro meses y un día. Estuvo en la cárcel de Carabanchel y luego en la de Valdemoro.

Para un traficante como él, la cárcel era un mercado con tanta demanda como Lavapiés. Raquel, embarazada, le visitaba. Veía que seguía con sus «trapicheos», manejando sus negocios ágilmente desde dentro, comerciando con marroquíes y españoles, y buscando nuevos contactos.

«Yo iba a los vis a vis y le metía droga. A lo mejor me decía: "Va a ir fulanito a buscarte a tal sitio, le das cien mil pesetas", o "Te voy a mandar un giro de trescientas mil pesetas, doscientas mil... Tienes que ir a este sitio y dejarlas en este lado"», recordó Raquel. Luego empezó a intentar separar su vida familiar de los negocios, y dejó de contárselo todo.

Entre ambos consiguieron convencer a las autoridades de que dejaran salir a Jamal, con un permiso especial, para los dos últimos meses del embarazo. Estuvieron juntos hasta el nacimiento de su hijo. Es otro indicio de su gran poder de convicción, y también de la «normalidad», o relativa familiaridad o inocuidad, de un recluso de su condición: un inmigrante traficante, molesto para la policía, pero tan común que no suponía un riesgo especial para un juez penitenciario.

A los tres días del parto, Jamal tuvo que volver a la cárcel para seguir cumpliendo. Estaría un total de dieciocho meses, su condena más larga en España, y salió en octubre de 1995.

Aunque antes del encarcelamiento —primero en Carabanchel, más tarde en Valdemoro— esnifaba cocaína, tomaba pastillas e incluso había fumado heroína puntualmente, hasta su ingreso no era un consumidor habitual de «caballo» y nunca se había inyectado. Entre los adictos, hay una línea muy marcada entre los que fuman y los que se inyectan; son grados de adicción muy diferentes. Es la barrera entre un uso con cierta capacidad de control, que permite seguir funcionando, o bien la rendición a la droga y empezar a despedirse de la vida. Una imagen del Chino inyectándose era totalmente incompatible con la figura temida y respetada que desprendía en el barrio antes de entrar en presidio. Su relación con la heroína cambió en la cárcel. Se «pinchaba» y perdió el control.

Cuando tras el nacimiento del niño tuvo que reingresar para cumplir el resto de la condena continuó consumiendo e inyectándose. Quería hacer pasar el tiempo más rápido, decía. Buscaba huir hacia adelante, anhelando una vida normal, en familia.

En cuanto Jamal salió de permiso, ella se dio cuenta enseguida del tipo de adicción que había adquirido. «En el primer permiso, cuando sale, es cuando yo me di cuenta que estaba enganchado al caballo», recordó Raquel. Le sorprendió no haberlo notado en los vis a vis, cuando le visitaba en la cárcel, cuando Jamal se presentaba tranquilo y normal. Cuando salió de permiso, tenía el síndrome de abstinencia. Se quedó en el piso de Raquel, que entonces fumaba heroína. No les faltaba material, porque Jamal seguía con sus negocios y tenían «caballo» en casa. Fue entonces cuando el instinto de supervivencia, combinado con un carácter fuerte ante situaciones límite, le hizo reaccionar. Con el mono y droga en casa, no probó una calada. «Decía: "No fumo, que no fumo", y todo el permiso sin fumar y yo fumando. Yo me decía: no me lo puedo creer, tu espíritu... y no sé de qué estás hecho», dijo Raquel. A la mañana siguiente, Jamal había pasado toda la noche sin dormir, pero logró no drogarse. No tomó heroína ni las pastillas de antes.

Coincidiendo con el nacimiento de su hijo, Jamal se encontró en un momento vital decisivo. Con las aspiraciones truncadas, encarcelado, con la tentación de la droga más letal en el armario y con la responsabilidad de un hijo, empezó a adoptar actitudes que denotaban, más emocional que intelectualmente, un carácter de resoluciones extremas. Con Jamal en la cárcel, Raquel llevó a su hijo a ver a la familia de Jamal en Marruecos, donde fue recibida con cariño. Allí también habló con su padre y empezó a informarse sobre el caso de asesinato que impedía a Jamal volver al país. Sus gestiones allí indican que por lo menos tenían ciertas esperanzas en que el asunto pudiera resolverse en el futuro.

En aquellos permisos, Jamal empezó a presionar a Raquel para que dejara de fumar. Ella le contestaba que no podía, que no tenía su fortaleza. Ella —que cuando Jamal estaba en Carabanchel iba al exterior de la cárcel para hablar con él a gritos— fumaba cuando Jamal estaba en otro lugar de la casa, pero donde estuviera le contaba las caladas, de oído, y la alertaba cuando llevaba demasiadas. Para sí mismo buscó el ánimo para desengancharse en un lugar que estaba en el extremo opuesto de su experiencia violenta de las calles de Madrid, aunque físicamente cercano. Se fue a una mezquita garaje en Lavapiés. «Él tenía mono y en vez de fumar caballo se iba a la mezquita porque decía que le daba tranquilidad, que mientras estaba rezando no estaba pensando en la heroína», dijo Raquel. Su afán de liderazgo y el sentimiento protector de su banda hizo que extendiera su descubrimiento de que, con voluntad, uno podía curarse por sí mismo. Reunía a todos los yonquis y camellos de sus negocios de venta y se los llevaba a rezar con él. A Raquel le argumentaba que Dios los ayudaba y que, mientras estaban rezando en la mezquita, los yonquis no fumaban «caballo» en la calle: «Me acuerdo de un día por la mañana en que llegamos a Lavapiés, y estaban todos fumando, uno por ahí, otro por ahí. "Oye, que ha venido el Chino, que os llama." Y Jamal: "Tú ven aquí, tú ven aquí, ven aquí, mira, chicos, tenéis que dejar esta mierda". Y se los llevaba a la mezquita, con unas pintas...»

La pequeña mezquita era un local pagado por los musulmanes del barrio, con un imán joven con quien, según Raquel, Jamal pasaba horas hablando del islam, mientras ella se quedaba fuera, enfadada porque en sus pocos días de permiso pasara tanto tiempo en una empresa que parecía absurda, llevando camellos a rezar. Le siguieron porque nadie quería llevarle la contraria a Jamal, pero también porque sabían que Jamal acabaría dándoles su dosis de heroína mientras les instaba a no robar.

Fue la primera vez que Jamal se acercó a la religión de sus orígenes, según uno de los traficantes que le conoció de cerca más tarde. Este traficante, también marroquí, pero no musulmán practicante, atribuyó esa necesidad de Jamal de convertirse en «una persona muy espiritual» a que sentía un vacío interior.

El papel del islam en esos momentos en la vida de Jamal fue muy práctico; de la misma manera, por ejemplo, que la religión evangélica experimentaba un éxito enorme en las chabolas de los gitanos de San Blas a las afueras de Madrid, donde el tráfico de heroína destruía a familias enteras porque los jóvenes camellos se enganchaban. Fue una suerte de instinto colectivo que les llevó a buscar una fe suficientemente fuerte y participativa, una especie de antídoto contra los estragos de la droga. Para los que no pueden pagar una clínica, la religión es una de las pocas esperanzas.

Aquel traficante y colaborador de Jamal, que luego presenció su evolución, dijo que en ese primer acercamiento al islam no tuvo contacto con extremistas. Sus hábitos de musulmán practicante le duraron poco. Según Raquel, desde que se casaron —de forma no oficial— en la mezquita de la M-30, Jamal fue muy pocas veces a las mezquitas en España.

Para Jamal, la religión y su voluntad fueron suficientes para alejar la tentación de inyectarse. «A él le valió, pero le valió con su personalidad y con su fuerza y con su forma de ser, pero no le valía a cuatro yonquis como yo que estaban tirados en Lavapiés», recuerda Raquel.

Pocos sabían que también él era un yonqui, que estaba saliendo de su adicción. Entre sus más íntimos, el hecho insólito de poder curarse sólo formaría parte de su fama. Entre el «montón de gente» que llevaba a la mezquita de Lavapiés en esa época estaban los tres hermanos Oulad, conocidos de Tetuán. Dos de ellos morirían con Jamal después del atentado, fieles a su liderazgo hasta el final.

«A nadie le reconocía que estaba enganchado a la heroína, no se lo decía a nadie. Lo sabía yo solamente. Yo y los que estaban en la cárcel, y supongo que otros dos o tres de su confianza. Nadie más lo sabía», dijo Raquel.

Nunca tuvo el aspecto de un yonqui. Cuando preguntamos a la madre de Raquel si Jamal era adicto a las drogas, opinó que era demasiado inteligente para ello y que tenía una personalidad demasiado fuerte para «caer en ese mundo». No encajaba con la imagen de líder que proyectaba en la calle.

El jefe de la investigación policial, mirando atrás, años más tarde, tampoco pensaba que Jamal se drogaba.

«Nunca se metía o tomaba lo que vendía, que nosotros sepamos. Y el comportamiento, su carácter, tampoco parece indicarlo», dijo nuestra fuente policial.

Desde el punto de vista de la familia —y de la investigación policial posterior al atentado—, se ve que el momento de establecerse con Raquel y tener un hijo fue el gran punto de inflexión en su vida. «Cuando vino a vivir a España, lo pasaba mal por su situación, porque no pudo tener papeles, porque no pudo tener un trabajo, tener una vida propia. A raíz de conocer a una chica y tener un hijo con ella, casarse con ella, la vida le iba mucho mejor», contó su hermano Yusef.

Cuando salió definitivamente de la cárcel, a finales de 1995, había cambiado. No había resuelto sus problemas de legalidad ni de trabajo. Pero, como traficante, empezó rápidamente a pasar a otro nivel. «A raíz de contraer matrimonio en 1994 se produjo una inflexión, se independizó y empezó a abarcar una serie nueva de actividades delincuenciales, el tráfico de vehículos, y ahí ya se centró en organizar una red de hachís», dijo el jefe de la investigación. Ya era un personaje en el submundo de la delincuencia madrileña, y tenía mano de obra que podía dirigir.

Su suegra veía en él a una persona con gran capacidad de organización, «de todo lo que fuera organizable». Intuía que tenía bastante gente trabajando para él, y dirigía una red de distribución extensa.

Para el policía, el rasgo esencial de su personalidad era que «sabía manipular a la gente», y fue este talento lo que le convirtió en líder. «Él tenía una serie de gente fiel, que le seguía, que le reconocía ese liderazgo, un grupo de gente que le era muy afín, unos por razones familiares, sus primos, sus hermanos..., otros por razones regionales o locales, la procedencia del mismo pueblo, la misma zona. Él aprovechó esa situación, se independizó y empezó a crear una pequeña red que poco a poco fue creciendo, y se convirtió en un traficante con cierto peso específico a nivel nacional.»

Sus negocios le llevaron fuera de Madrid, al norte de España, especialmente el País Vasco, Levante y las islas Baleares, donde empezó ser uno de los distribuidores más importantes. Algunos de los hombres que trabajaban para Jamal en esta época le siguieron también en la preparación del atentado, y hasta el final. Se suicidaron con él. «Lo cual nos indica que hubo durante ese período una selección en cuanto a su afinidad, creemos que más por seguimiento a Jamal que por afinidad ideológica o por credo», dijo.

Cuando salió de la cárcel, Jamal se instaló en un piso en la calle Villalobos, cerca de Lavapiés. Ganaba dinero, no aparentaba ser un delincuente, como antes, y mantenía a la familia. Desde una perspectiva cercana y parcial, parecía un padre de familia responsable, incluso de éxito.

La pareja convivió al principio, pero se separaron por la adicción de Raquel a la heroína. La custodia del hijo fue adjudicada a la madre de ella. Raquel recuerda que en aquellos momentos estaba totalmente enganchada y que discutía con frecuencia con Jamal, quien intentaba que lo dejara. «Él ya me decía que no, que era su mujer y que no podía soportar eso, y estuvo tiempo aguantándome, dosificándome la droga. Pero yo no podía, es que no tenía esa fuerza de voluntad, y me parecía muy cruel que me dijese que dejara la droga cuando tenía los kilos encima del armario. "Jamal, así no puedo." Entonces yo le mentía mucho, le engañaba mucho.»

Los papeles se habían invertido. Años antes, Jamal era más autodestructivo y ella le insuflaba ánimos para que saliera adelante. Ahora, en cambio, él estaba tranquilo y luchaba para rescatarla a ella de la droga.

Con el nivel de ingresos de su creciente negocio, tras haber cumplido con la justicia, podía incluso ayudar a su familia en Marruecos. Se preocupaba por los estudios de sus hermanos, enviaba regalos a casa. Ganando dinero y no gastándolo en fiestas ni drogas, podía incluso presumir de haber triunfado. Cambiaba a menudo de coche y tenía varios, aunque en realidad ello formaba parte de sus negocios. Pero a Jamal también le gustaba lucir los símbolos del éxito. «Siempre quería que la gente le viese bien. Hacía una vida de mucha clase. Tenía coches, un Golf, un BMW, motos también», recordó Yusef.

Pero era consciente de la fragilidad del negocio de un traficante. Tuvo por lo menos un bajón, que también le devolvió, por otro período pasajero, a sus inquietudes religiosas. Es probable, por sus comentarios en los años posteriores, que el abrazo religioso fuera una forma de autoayuda, una fuente de consolación en tiempos difíciles. El 19 de noviembre de 1997 fue detenido en Saint-Aubert, en Nord (Francia), por falsificación y uso de documento falso a nombre de Ahmed Ajon y por llevar documentos igualmente ilegales de Francia y de Suiza. En Francia estaba sólo de paso cuando la policía francesa le descubrió, bajando desde Holanda. Allí, con sus contactos familiares, había empezado a extender su red de hachís y a convertirse en un traficante internacional.

Estuvo un año preso, hasta finales de 1998.

Cuando salió de la cárcel en Francia y volvió a Madrid estaba otra vez sin dinero, de nuevo en el punto de partida.

El cambio era visible. Volvió con barba y con la firme resolución de rezar las cinco veces al día, como probablemente hacía en la cárcel, con otros musulmanes encarcelados. Según Raquel, con quien volvió en cuanto pisó Madrid, le duró unos días. Estaba de buen humor, bromeaba.

Para reconstruir sus negocios necesitaba invertir. Con la energía despiadada que le caracterizaba, se juntó de nuevo con uno de sus seguidores, Khalid Oulad, el hermano mayor de los dos que morirían con Jamal años más tarde. Para reunir dinero fácil empezaron a atracar a japoneses en la plaza de España y la Gran Vía de Madrid, a robarles sus dólares y sus cámaras. Así pudo reunir dinero para comprar droga y volver a sus operaciones.

Una vez en marcha, empezó a diversificar sus divisiones de negocio, como un empresario que trata de minimizar los riesgos.

«Empezó a subir, empezó a conocer gente, a falsificadores de documentación... El mundo de los golfos, de los yonquis, ya lo dejó. Ya empezó a otro nivel, con gente más seria, más discreta», recordó Raquel. Le interesaba cualquier negocio de compraventa del que pudiera sacar un beneficio. Incluso traficaba con oro.

«En su evolución abarcó varios palos —explicó el policía—. Tenía contactos con falsificadores de documentación, usaba personalmente esas documentaciones pero también las vendía y negociaba con ellas. Yo creo que eso es parte del éxito que él alcanzó y de la extensión de su red, que no se limitó a una actividad delincuencial concreta, no se limitó al hachís, sino que intentó abarcar varios temas, y eso le facilitó ir conociendo otras ramas de la delincuencia común e irse extendiendo a otros territorios.»

En 1998, después de salir de la cárcel y de volver a introducirse en el mundo de la delincuencia, conoció a un marroquí que se convertiría en uno de sus colaboradores estrechos en los años siguientes. Para nosotros sería una fuente especialmente reveladora. Le llamamos Hamid, un nombre ficticio, porque fue un testigo protegido. Había salido en algunos medios, denunciando su situación de abandono por parte de las autoridades. Habíamos contactado con varios traficantes que trabajaron con Jamal en algún momento, a través de datos en el sumario y luego con nuestras propias investigaciones. No nos sorprendió lo difícil que era convencerles para que hablasen con nosotros. Uno estaba en la cárcel, otro muy ocupado con su negocio de compra-venta de ropa, un tercero —que regentaba un bar muy conocido entre trafican-

tes— viajando entre Ceuta y Barcelona, y otro, que convivió con
Jamal un tiempo, nos pidió dinero a cambio de sus explicaciones.
Todos escuchaban nuestra exposición de lo que sabíamos de Jamal y de lo que queríamos de ellos: testimonios de primera mano
de cómo era y qué hacía. Lo sorprendente, quizá, era que todos
nos escuchaban (a través de su abogado en el caso del preso) y se
lo pensaban, antes de decir que no o de desaparecer otra vez.

No esperábamos demasiado de Hamid al principio. Pensábamos que ya habría dicho todo lo que tenía que decir en las entrevistas que le habían hecho en la prensa y la televisión. Quedamos
para hacer la entrevista en un hotel situado a un par de horas de
Madrid, por la noche. Temíamos una experiencia parecida al viaje
en balde a Ceuta para entrevistar a la fuente fantasiosa que recordaba a Sarhane bebiendo whisky y hablando por el móvil en 1994.

Pero resultó que Hamid sí había conocido a Jamal de cerca.
Sabía mucho de él, como traficante y como persona. Habían colaborado, había trabajado para él y conocía su entorno. La fiabili-
dad de lo que nos contó se podía comprobar porque coincidía en
detalles muy específicos con otras fuentes sólo nuestras. Además,
había reflexionado sobre Jamal a partir del atentado, y tenía una
perspectiva más elaborada de lo que esperábamos. Y era un caso
extraño, un ex traficante culto.

Hamid había conocido por primera vez a Jamal en un bar de
la calle Oporto en 1998. A pesar de no tener una identidad verdadera en España, Jamal era ya muy conocido y Hamid había
oído hablar de él. «Me lo presentaron amigos en común. Se le conocía como el Chino, era un apodo, una figura bastante conocida en Madrid, sobre todo en el mundo del hampa, en el mundo
de la delincuencia. Desde el primer momento me llamó la atención por el respeto que le tenía su entorno nada más entrar por la
puerta, el movilizarse el grupo de amigos, ese saludo que para los
musulmanes es de mucho respeto, dos besos como si no lo hu-

81

biesen visto en mucho tiempo». En esos momentos, Jamal poseía un historial que le daba carisma: su capacidad para los negocios y una forma de ser muy violenta y curtida por la experiencia criminal. Su mito formaba parte de sus negocios, era un activo empresarial. Como explicó Hamid: «En todos los pasos, en todas las escalas hacia la fama había un denominador común, la agresividad. Cambió de estatus, pero mantuvo su fama de agresivo».

Hamid se quedó impresionado más por su inteligencia y por su habilidad en el tráfico. Aunque Hamid no se expresaba como un delincuente callejero y se declaraba aficionado al teatro y a la cultura, se confesaba fascinado por el tráfico, como una actividad de retos difíciles, un juego exigente de adrenalina y riesgo. Admiraba a Jamal por su profesionalidad.

«Hay quien puede haber conocido a Jamal y no haber percibido la complejidad de su pensamiento. Yo me di cuenta desde el primer momento de lo compleja que era su personalidad», dijo Hamid.

Cuando se conocieron, el Chino ya había aprendido cómo utilizar su fama de violento. En su conversión de pequeño camello a traficante en toda regla —más bien distribuidor internacional— se había arriesgado mucho. Una de sus técnicas probablemente hubiera sido un error definitivo para cualquier distribuidor, si no fuera por el miedo que inspiraba. «Cuando se decidió a dar el salto empezó a seguir a los que le vendían, entrar en su casa y robarles lo que tenía. Él empezó a ganar confianza y, si estaba en casa de alguno, pues ya le sacaba el cuchillo y le robaba todo lo que tenía. Así empezó, así conoció un poco el dinero, dando palos, robando a sus proveedores.» En sus inicios, a algún distribuidor le pedía diez kilos de heroína y le pagaba sólo cinco, en la confianza de que el resto lo abonaría más tarde. Como vendía bien, al traficante le interesaba. Pero empezó a traicionarles, y dejaba la mitad sin pagar. Jamal «fue descubriendo que nadie se atrevía a pedirle cuentas, porque te encontrabas con un cuchillo o una raja en la cara».

Paradójicamente, le ayudaba aquel capítulo de 1991, cuando se había visto implicado en un asesinato; le impedía lograr los papeles en España pero, al mismo tiempo, lo mitificaba como duro. Jamal presumía de haber matado. Según Hamid, en el mundo de la delincuencia, una persona que «tiene una muerte a sus espaldas» tiene un grado especial. También el hecho de haberse salvado a sí mismo, de ser el gran protector de los suyos y de saber ganar dinero le proporcionaba un respeto más allá del mundo local de delincuencia. Era casi un ejemplo de emprendedor de éxito, en versión criminal, de inmigrante sin identidad. «Era muy bueno en lo que hacía —según Hamid—. Cuando decidía dar un cambio lo hacía con todas sus consecuencias, y además le salían sus planes. Creo que poca gente puede presumir de haber efectuado un cambio en su vida como Jamal.»

Reconstruyendo luego su trayectoria, un rompecabezas de múltiples nombres falsos, la policía podía distinguir su creciente estatus, pero sin saber exactamente cómo lo había hecho.

«Era uno de los más importantes distribuidores en la zona de Madrid, era importantísimo. Había dos o tres bandas que rivalizaban en la zona centro y él consiguió expandirse, salir de esa zona, no sabemos muy bien el porqué, va al norte, o a Levante, cruza a Baleares, donde también tenía distribución. No sabemos el porqué ni cómo, si es que había alguien, algún contacto. Pero el caso es que se expandió rápidamente y controló ese mercado», dijo nuestra fuente policial.

Mientras su vida criminal se fue haciendo cada vez más estable, su vida personal era complicada. Mantenía el contacto con su hijo y con la familia de Raquel, pero vivía con otras mujeres. Una de ellas llegó a plantearse tener la custodia de su hijo.

Raquel seguía enganchada y eso ponía furioso a Jamal. Si dejaba de drogarse, podría estar con él, le decía. «El miedo que tenía era que yo seguía en las mismas», admitió Raquel.

A diferencia de tiempos anteriores, ya no trabajaba en constante huida de la policía. Desde su paso por la cárcel tenía contactos más sofisticados; además, mantenía viva su particular leyenda y jugaba una campaña en lo personal contra las drogas. Estaba por primera vez empezando a ganar dinero de verdad. «Ya tenía un cierto poder adquisitivo, no era un capo, pero sí una persona que manejaba negocios de treinta millones de pesetas, cuarenta millones de pesetas —dijo Hamid—. «Tenía ya su BMW y se dedicaba a todo lo que se mueve.»

Mientras su distribución de hachís iba creciendo, su estrategia de diversificar y buscar oportunidades de negocio, con sus contactos en Holanda, le permitieron dar el siguiente paso, que sería decisivo. En 1999, a través de conversaciones con conocidos de sus redes en Amsterdam, se enteró del precio al por mayor de las pastillas de éxtasis. Eran unas 100 pesetas (0,60 euros) por unidad, cuando en las discotecas de Madrid se vendía al consumidor —como Jamal sabía muy bien— por 2.000 (12 euros). Teniendo en cuenta los gastos de transporte y calculando los riesgos, como siempre, Jamal se vio muy bien posicionado para abrir un hueco en ese sector del mercado. «Ya vio negocio», según Hamid, que le acompañaba a Amsterdam. Fijando un precio muy por debajo de las 2.000 pesetas —a 425, unos 2,5 euros— movió entre 30.000 y 40.000 pastillas en cada operación. Para el transporte, sus jóvenes camellos subían a los autocares que parten de Amsterdam, vía Bruselas, directamente a Marruecos, dada la amplia comunidad de este país en Holanda. Alguna línea sólo tiene permiso para pasar, sin parar, por Francia y España. Jamal sabía, por experiencia, que el paso por Francia era arriesgado, pero de esta manera —un autocar lleno de marroquíes, con destino directo a Marruecos— llamaban menos la atención de la policía. Los camellos, con una bolsa de deportes llena de pastillas, inventaban una excusa para hacer parar el autocar cuando éste estaba cerca de Madrid.

Una vez en marcha el negocio, Jamal tuvo que mantener la disciplina. Una vez, uno de los camellos le engañó y desapareció con una bolsa llena. Jamal le buscó y le persiguió hasta encontrarle. Lo llevó a un lugar remoto y lo castigó a palos durante una semana. Para compensar la pérdida de las pastillas, el correo debió pedir dinero a su familia en Marruecos y tuvo que hacer más viajes entre Amsterdam y Madrid.

Las ganancias de sus operaciones con éxtasis eran espeluznantes, con márgenes mucho más amplios y un sistema más barato que en sus otros sectores. «Haz números», sugirió Hamid. Si la venta de 30.000 pastillas en Madrid en esa época podía dar beneficios de nueve millones de pesetas (54.000 euros) con pocos gastos, en pocas operaciones Jamal empezó a amasar una fortuna. El 80 por ciento de su negocio era ahora el éxtasis.

El efecto del pelotazo en Jamal era contradictorio. Desde hacía tiempo, sus más íntimos notaban en él sentimientos de culpabilidad y también preocupación por injusticias políticas.

Fue en 1998 cuando Jamal empezó a hablar del «mundo árabe» y su mala situación, identificándose con el sufrimiento de musulmanes en países lejanos, según su hermano Yusef. «Yo sentía que lo estaba pasando muy mal. Él manifestaba ante todos que había que pensar en la injusticia que estaba pasando en el mundo. Para él fue como un golpe». Hablaba de buscar soluciones sin especificar qué se podría hacer.

«Se sentía culpable —dijo su suegra—. Me lo decía muchas veces, que no estaba conforme con su vida.»

En Amsterdam, en sus viajes de negocios, empezó a visitar una pequeña mezquita detrás de donde se alojaba, en casa de un primo. Localizamos esa mezquita, en unos bajos. La habían cambiado de calle, pero permanecía en el barrio. Había sido creada en 1999, después de un caso sonado en Amsterdam, entre el entonces alcalde y la comunidad musulmana de la zona. Hubo una protesta de decenas de marroquíes en contra de las sanciones a Irak frente a la embajada estadounidense, que se saldó con varios heridos cuando intervino la policía holandesa. Pedimos imágenes de la televisión y vimos los discursos, que acusaban al gobierno de Bush y, por extensión, al gobierno holandés de crímenes contra el pueblo iraquí. Vimos la carga policial, con policías a caballo y una ambulancia que llegaba para atender a unos jóvenes marroquíes con heridas leves. Unos días después el alcalde de Amsterdam fue a la mezquita más importante para pronunciar un discurso sobre la responsabilidad de la comunidad marroquí en el control de sus jóvenes radicales. Una parte del público, reducida pero vociferante, le increpó, y salieron de la mezquita en protesta. Los marroquíes que salieron de aquella mezquita fundaron la pequeña mezquita que Jamal encontró cerca de donde se hospedaba en Amsterdam. Además, eran marroquíes de origen tetuaní. Jamal contó a Hamid que el imán conocía a su padre de su estancia como trabajador en Holanda. Pasaba días enteros en la mezquita.

«En plena prosperidad económica le entró el gusanillo, la vena de convertirse en un buen musulmán», recordó Hamid. La mezquita, como otras, se financiaba con donativos de los fieles, y acababa de inaugurarse, como alternativa a la oficial, siguiendo una corriente políticamente más radical. A Jamal le preocupaba que sus negocios pudieran ser mal vistos por el imán: no era el camino que predicaba su padre, estaba claro. Pero una interpretación extremista del islam le daba cierta esperanza, que más tarde utilizaría para justificarse.

«Preguntó a imanes y a gente entendida en religión si podía hacer las dos cosas», es decir, ser un buen musulmán y al mismo tiempo traficante de drogas, dijo Hamid. «Hay unas explicaciones, que él se encargó de comentar entre los suyos, que lo que él hacía era una forma de luchar contra los no creyentes, el vender droga era una forma de matar a los kufar, los no creyentes.»

Empezó a hacer donativos. En dos ocasiones dio dinero al imán en Amsterdam, por un total de un millón de pesetas, según Hamid. «Empezó a donar muchísimo dinero, como que se quería deshacer de su dinero, como que era pecado tener ese dinero de unos actos delictivos.»

De vuelta a Madrid, empezó a imponer reglas más estrictas entre sus hombres, exigiéndoles que le siguieran en sus nuevas formas, más serias y sobrias.

Hamid era uno de sus colaboradores, como su hermano mayor Mustafá, que no aceptaba las ideas de Jamal, y fue distanciándose. En esa época, según Hamid, Jamal también conoció al comerciante sirio Abu Dadah (que luego sería condenado por pertenencia a al-Qaeda), en un trapicheo de diez mil zapatos rumanos robados; un contacto, si es verdad, que le vincularía, indirectamente, con el otro cisma religioso-político, a punto de aflorar en la mezquita de la M-30 en Madrid. También, según Hamid, empezó a ver vídeos de muyahidines en Afganistán y Chechenia.

En el sumario del 11-M hay un incidente documentado que ejemplifica el estado de ánimo de Jamal en esa época, sus ideas e incluso el confuso momento que vivía.

En marzo de 2000, después de dos años evitando con éxito a la policía, cayó preso, con la identidad de otro marroquí con quien años antes había compartido piso, Said Tlidni. Fue detenido por no tener el permiso de residencia e internado en un Centro de Inmigrantes Extranjeros (CIE) de Moratalaz, en Madrid.

En su corta estancia en el centro, Jamal se erigió como imán de los marroquíes y argelinos. Se hizo con el liderazgo y fue capaz de imponer cierta disciplina en sus seguidores, hasta el punto de detener las peleas entre ellos. Se convirtió en interlocutor con el director del CIE, un policía cuyo testimonio desvela cómo Jamal se veía en esos momentos.

Se jactaba de tener «muchos millones» de la droga y decía que Dios le había encargado una misión sagrada, que había sido elegido por Alá para dirigir a su pueblo y que su gran aspiración vital era irse a Israel a «matar judíos». Jamal también amenazaba con montar una huelga de hambre y convertir el CIE en un infierno si era molestado en su «alta misión».

Asimismo, amenazó con denunciar a un policía por maltratarle, por forzarle a levantarse golpeándole con una vara de hierro; había aprendido la estrategia de denunciar agresiones policiales años antes, cuando, tras ser efectivamente golpeado por un agente que le sorprendió con ropa que iba a vender en la calle, denunció al policía y fue absuelto de resistencia a la autoridad.

Un mes más tarde organizó una fuga del centro: le roció la cara a un policía con un aerosol y huyó con otros cuatro internos. Tras la fuga, Jamal llamaba todas las tardes al director del CIE, a las cuatro, y le retaba a que le detuviese de nuevo. Se mofaba de los policías diciéndoles que nunca serían capaces de hacerlo. Le llamaba «gran satán» y «gran torturador» y colgaba.

Jamal volvió entonces al anonimato que requerían sus negocios.

No se sabe mucho de Jamal después de su paso por el centro, hasta final del año, cuando tomó una decisión sorprendente: quería volver a Marruecos y arreglar por fin la acusación de asesinato que le impedía tener su verdadera identidad en España. En aquel momento tenía dinero. Raquel estaba entonces en la cárcel, cum-

pliendo una condena por tráfico y a punto de empezar una rehabilitación exitosa. Hizo gestiones con abogados en España y en
Marruecos antes de tomar la decisión, que sabía que comportaba
cierto riesgo.

«Me voy a Marruecos —dijo Jamal a su suegra—; llevo el dinero que me han pedido, porque allí todo se compra con dinero,
pero enseguida vengo.» «Y —recordó ella— era bastante dinero.
Creo que cerca de los dos millones, o tres, de pesetas, y lo tenía
limpio para llevarlo.»

Fue a la cárcel a contarle su decisión a Raquel. «Me dijo que
era el momento de dar la cara, que iba con todo el dinero, que iba
con el abogado, que a lo mejor se pasaba un mes o dos en la cárcel, y que luego subía ya, que estaba solicitada la documentación
y hasta que no estuviese solucionado el problema de allí, no se la
iban a dar.»

Según Hamid, su plan era sobornar a jueces y fiscales a través
de abogados. «Lógicamente el abogado te dice que hay que comprar al juez, al fiscal, a todo el entorno, eso llevaba un tiempo.
Siempre a través del abogado, primero le pedían una cantidad,
luego otra, y durante ese vaivén él le llegó a decir a su abogado
que iba a ir a Marruecos con documentación falsa.»

En el juicio del 11-M, en 2007, Mustafá Ahmidan testificó
que Jamal dio cheques por valor de noventa mil euros a los abogados. Sus intenciones eran bastante claras. Contaba a su familia que
quería «solucionar el problema» para empezar una vida legal. En
julio de 2000 había iniciado los trámites para obtener la residencia en España. Pero por qué y cómo Jamal viajó a Marruecos en
aquel momento es todavía un enigma. Durante toda la vida de
Jamal Ahmidan aparecían atisbos y anhelos de búsqueda de un camino más acorde con las expectativas, rectas, de su padre. Entre-
tanto, y probablemente influido por él, se había convertido en un
musulmán practicante, aunque principiante, atraído por tenden-

cias radicales y extremistas. Como en todas sus actitudes vitales, y la religión no era una excepción, cuando Jamal apostaba, apostaba fuerte. Si traficaba con éxtasis, era el rey del éxtasis; si estaba preso, lideraba a los reclusos, y si tenía arrebatos de fe, quería ser el imán.

6

El cisma

1998-2001

Antes de seguir los pasos de Sarhane en la M-30, hacia la próxima ruptura, las palabras de Moneir, en la breve entrevista que le hicimos en cámara, empiezan a tener cierta resonancia: «Hay un punto que para mí es muy importante. El Tunecino recibió en su piso a algunas personas que no tenían ni trabajo ni vivienda ni dinero. En esta situación él los puede coger como él quiere».

Sarhane tenía cierta autoridad automática, porque podía ofrecer una vivienda, un poco de dinero y, sobre todo, apoyo moral a gente desesperada y sin absolutamente nada. «Ésta es una razón muy importante, la pobreza —dijo—. La segunda razón es la pobreza de pensamiento. Porque se puede entender mal el dogma islámico cuando leemos solamente los libros, no ante sabios musulmanes, que tienen moderación y mucha ciencia, que han estudiado quince, veinte años... El problema es cuando una persona dirige a los ciegos.»

Era la época en que *Al-Quds al-Arabi*, el periódico árabe de Londres, había publicado la noticia de una declaración de guerra contra Estados Unidos de Osama Bin Laden y otros aliados yihadistas, que justificó ataques contra sus intereses si no retiraba las tropas del reino de los lugares santos, en referencia a Arabia Saudí. El gobierno de este país había intentado sin éxito convencer a Bin Laden, hijo del *self-made man* más importante del país, que moderase su lenguaje. Acabó retirándole el pasaporte, antes de repudiarle. Unos meses después de su declaración, Bin Laden patrocinó los sangrientos atentados contra las embajadas de Estados Unidos en Kenia y Tanzania. En esas fechas, el tono de las discusiones abiertas después de las clases de Corán en la mezquita de la M-30 empezó a cambiar.

Uno de los alumnos más aplicados de Moneir, compañero de Sarhane y sus amigos, Muad y Mohamed, era un marroquí llamado Amer Azizi. Había emigrado años antes desde un pequeño pueblo en el campo marroquí, a setenta kilómetros de Casablanca. En Marruecos no era especialmente religioso, y provenía de una familia trabajadora, sin formación. Su padre murió cuando tenía seis meses, y creció en la familia de su tío. Bebía y fumaba hachís con sus amigos. Como la mayoría de los marroquíes jóvenes, llegó a España sin papeles. Vivió un tiempo en un barrio pobre, de chabolas, en las afueras de Madrid. A finales de los años noventa se había casado con una española, y uno de los trabajos que hacía era instalar parabólicas para la televisión vía satélite.

Encontramos un testimonio en el sumario, de un saudí que trabajaba en la biblioteca de la mezquita, que había notado la influencia que Azizi tuvo sobre Sarhane. El incidente más conocido que había protagonizado Azizi, del cual tomó nota la policía española, había tenido lugar cuando, en medio de los rezos en la mezquita de la M-30, protestó públicamente en el momento en que Moneir entonaba unas palabras por el alma de Hafez al-Assad, el presidente sirio, fallecido en 2000, enemigo de los islamistas.

Pero entre 1998 y 2000, cuando Azizi y Sarhane coincidieron en las clases, ninguno de los dos se atrevió a expresar sus opiniones ni parecían especialmente amigos. Tenían ya cosas en común. Aparte de ser estudiantes aplicados, ambos tenían trabajo en la M-30. Azizi hablaba tan buen castellano que hacía las traducciones simultáneas de los discursos de Moneir. Un trabajo sutil, y que le obligaba a prestar total atención a las palabras y los matices. No gozaba del estatus de estudiante de doctorado de Sarhane, pero se esforzaba en ser de los mejores en la clase de estudio del Corán.

Mohamed le recordaba siempre sentado en las esquinas de la M-30, memorizando el Corán. Logró poder recitarlo casi entero. «Amer era un trabajador pobre, sencillo —dijo—. Siempre se preocupaba de estudiar cómo recitar el Corán. Recitaba muy bien porque puso interés. Él dedicaba mucho tiempo a recitar y estudiar el Corán.»

Su protesta contra Assad señalaba que tenía sensibilidades yihadistas, y ganas de expresarlas. La policía española ya le tenía fichado. Pocos meses después, en octubre de 2000, Azizi fue detenido en Estambul por la policía turca de inmigración, junto con otras tres personas. Un soplo anónimo llevó a la policía turca hasta ellos, alojados en la planta baja de un edificio del barrio de Fatih, céntrico y residencial, conocido por su núcleo de islamistas radicales. La calle donde fueron detenidos pertenece al barrio, pero no está en la zona más conflictiva. La mezquita más cercana al piso la dirige desde hace años un imán bosnio de aire moderado, y los vecinos son familias de clase media-baja con pequeños comercios, con el típico aspecto de mezcla entre Oriente y Occidente que tiñe a la ciudad.

Azizi y sus tres acompañantes pasaron dos días detenidos y fueron interrogados. Llevaban un mes en la ciudad y habían llegado en un vuelo desde Madrid. Habían entregado sus pasaportes a la embajada iraní y estaban esperando visados para viajar a este país. Explicaron a la policía que eran estudiantes islámicos y que iban a estudiar una vertiente del islam en Irán, según nos detalló Selim Alkyidiz, jefe de la policía antiterrorista turca. Nos dejó ver el expediente del caso, con las fotos de los cuatro, las fotocopias de sus pasaportes y sus declaraciones manuscritas, y también pudimos filmarlo brevemente.

La entrevista con Alkyidiz fue el último paso en una larga cadena de contactos que había empezado en la embajada de Turquía en Madrid. El gobierno turco, de carácter islamista moderado, nos facilitó el acceso a la policía; Alkyidiz acudió expresamente desde Ankara para la entrevista. Pero, en persona, él y su equipo se mostraron incómodos y cada vez más desconfiados a medida que progresábamos con las preguntas y las peticiones (de poder tener copias del expediente, por ejemplo).

Como es la única detención de Azizi, para nosotros representaba una oportunidad de profundizar en cómo era y qué hacía. La ruta más transitada a Afganistán pasaba por Irán, donde al-Qaeda estaba en la fase de convertirse en una organización convencional, estructurada, con una base y una jerarquía claras. Al mismo tiempo, el flujo de inmigrantes, legales e ilegales, a través de Estambul era —y es— tan grande que es muy difícil de controlar. La policía sospechaba, como sugería el soplo, que esos extranjeros formaban parte de una red de inmigración ilegal. Encontraron mapas, una brújula, unos prismáticos y libros religiosos. Los policías no les creyeron cuando dijeron ser simplemente estudiosos devotos, aunque el testimonio escrito de Azizi explicaba con detalle su interés en una secta islámica de Irán. Pero tampoco llegaron a considerarles terroristas. Alkyidiz explicó que entonces la policía turca detectaba pequeños grupos que tenían algún contacto con al-Qaeda, pero en esa época, en el año 2000, al-Qaeda no estaba considerada aún un peligro prioritario. La lucha antiterrorista en Turquía se enfocaba casi exclusivamente al problema kurdo, como en España se enfocaba hacia ETA.

Los compañeros de viaje de Azizi eran un conocido muyahidín marroquí, casi un héroe para los suyos, Saledin Benyaich, con pasaporte británico falso a nombre de David Charles Burgess; Said Berraj, un marroquí que trabajaba de mensajero en Madrid, y Lahcen Ikasrien, que viajaba con nombre falso, utilizando el pasaporte de otro marroquí residente en Madrid. Los cuatro fueron expulsados de Turquía. Benyaich, que llamaba la atención por ser tuerto (había perdido un ojo en Bosnia y cuando aparecía vestido de muyahidín en vídeos yihadistas llevaba un parche que le caracterizaba y que formaba parte de su mito), fue expulsado a Londres. No se detectó que su pasaporte era falso.

Sí encontraron, en cambio, que la foto de Ikasrien había sido manipulada. El pasaporte era de Mohamed Haddad (que sufriría durante mucho tiempo las consecuencias de verse vinculado a este grupo), de manera que Ikasrien tuvo que viajar a Ankara para conseguir un nuevo pasaporte de la embajada de Marruecos. Luego se fue, como estaba previsto, a Irán, y de allí a Afganistán. Azizi y Berraj fueron expulsados directamente a Irán, con lo que consiguieron continuar con su viaje a Afganistán.

Había muchos detalles que nos hubiera gustado preguntar, pero la desconfianza de Alkyidiz iba en aumento cuando se vio posiblemente retratado como el hombre que dejó escapar a unos sospechosos importantes. No sabían todavía que el pasaporte de Benyaich era falso —como ya habían establecido la policía y la justicia españolas—, y por lo tanto que Benyaich les había engañado. No lo aceptaron.

Le mostramos una foto de Benyaich, de un vídeo yihadista. La calidad no era muy buena, pero el parche coincidía con el ojo dañado en la foto policial, donde aparecía sin barba y sin parche. Decían que era de tez blanca, como un europeo. Y por su aspecto en la foto del archivo policial, podría haber sido fácilmente un británico convertido al sufismo.

¿Por qué les expulsaron de Turquía de esta manera? ¿Por qué no dejaron al tal Burgess seguir a Irán con Azizi y Berraj? ¿Qué sospecharon exactamente? Pensaron que eran un peligro para Turquía, dijo, sin profundizar. Pero, sobre todo, ¿por qué tardó tanto en llegar información de las detenciones a Madrid? La respuesta a todo es que este caso era rutinario y, en el contexto de la época, imposible de diagnosticar correctamente.

Con lo que pasó después en la mezquita madrileña, el incidente ayuda a entender quién era Azizi cuando volvió a Madrid de Afganistán.

Había viajado en compañía de Benyaich, un héroe de guerra, un Che Guevara de los muyahidines en vídeos de reclutamiento, hacia Afganistán, y logró llegar al país en un momento clave de la evolución de al-Qaeda. El 11-S estaba siendo preparado y los jóvenes que querían hacer la yihad llegaban a Afganistán cada vez en mayor número.

El inspector jefe operacional de la investigación del 11-M, a quien entrevistamos, describía a Azizi como un «icono» entre los aspirantes a yihadista en Madrid, porque había logrado aquello con lo que muchos soñaban: ir al Afganistán de los talibanes, posiblemente contactar con el emir Osama Bin Laden y poder entrenar en un campo yihadista. Azizi pasó varios meses en Afganistán y a su vuelta a Madrid empezó el proceso de influir en Sarhane.

La trayectoria de los otros tres arrestados también es llamativa. Benyaich estaba en prisión en Marruecos, condenado por vínculos con el atentado de Casablanca, casi un año antes del atentado de Madrid. Berraj era sospechoso de haber integrado la célula de Madrid y estaba huido; por los vínculos que tenía con algunos de ellos, se sospecha que pudo haberse inmolado en Irak contra tropas norteamericanas.

A Ikasrien le entrevistamos en Madrid, antes de nuestra investigación en Turquía. Le habíamos visto identificado en documentos judiciales como uno de los detenidos en 2000 en Turquía, y queríamos hablar con él de Azizi. Devuelto a España por Estados Unidos después de pasar dos años en Guantánamo, estaba siendo juzgado en la Audiencia Nacional.

Era un hombre compacto, de unos treinta años, con aspecto atlético. Hablaba rápido, con un tono monótono y cansino, en desacuerdo con sus ojos inquietos, en un español funcional. Se fue a Afganistán, dijo, para «ver lo que pasaba» cuando se separó de su mujer en Madrid, y precisamente allí trabajaba como taxista cuando fue capturado por un señor de la guerra y vendido a Estados Unidos.

De Guantánamo relató una letanía de maltratos, incluidas descripciones de cómo los soldados norteamericanos hicieron fotos de los presos mientras los transportaban como animales. Su estancia en Guantánamo había sido brutal y, por lo que sabemos, su relato era creíble.

Pero negó rotundamente haber conocido a Azizi o a cualquiera de los otros. Aseguró haber ido solo a Turquía y haber sido detenido por la policía turca del mismo modo, tras unas semanas en Estambul.

Meses después de aquella entrevista vimos su cara, junto a las de los otros tres, en el archivo de la policía en Estambul. Era flagrante que, sobre algunas cosas, mentía. No hay ninguna duda de que fue detenido con Azizi, Benyaich y Berraj. Según las policías española y marroquí —y según los propios vídeos yihadistas—, Benyaich era entonces un miembro destacado del Grupo Islámico Combatiente Marroquí. Pero la ilegalidad de Guantánamo en términos jurídicos españoles ayudó a que los cargos contra él se anularan. Ikasrien fue absuelto por la Audiencia Nacional al día siguiente de la entrevista.

No se sabe exactamente qué hizo Azizi en Afganistán. Está claro que no se convirtió en un hombre importante en al-Qaeda. Pero es sugerente que en esa época el líder del GICM mantuviera contactos con al-Qaeda para la financiación de campos propios en Afganistán. Por su perfil, parece más dado a los estudios y la discusión de ideas que a la lucha armada. A principios de 2001 estaba de vuelta en Madrid. De nuevo asistía por las mañanas a las clases de Corán de Moneir, en las que seguía Sarhane. Su viaje a Afganistán no pasó inadvertido. Llegó con el halo de héroe, de icono.

En un ambiente muy sensible a las injusticias contra los musulmanes, entre hombres, muchos de ellos jóvenes, había alguien que se había ganado con su propio esfuerzo la fama de docto y religioso y que, además, había pasado de las palabras a la acción: había tenido el valor de viajar a Afganistán y volver para contarlo. Antes del viaje intervenía poco en las discusiones, pero ahora vociferaba.

«Ése sí que opinaba y fuerte, siempre sacaba temas. Que teníamos que ir ahí a luchar en Afganistán, Palestina. Dijo que para la yihad no es sólo coger e ir, había que organizarse, saber con quién luchar...», dijo Muad. Antes, en 1998 o 1999, el referente de la injusticia era Palestina. Las críticas de los musulmanes en el extranjero recaían sobre los gobernantes árabes, y esas críticas no se han considerado nunca opiniones extremistas.

«Al empezar no había Irak ni Afganistán —recordó Mohamed, de cuando Sarhane estaba en los rezos—. De 1998 hasta 2001 el problema eran los palestinos y ahí todos estaban de acuerdo: había una ocupación y la gente estaba sufriendo.»

En nuestras conversaciones, cuando Moneir expresaba su preocupación por el sufrimiento de los palestinos, estaba claro que hablaba de un tema omnipresente en la mezquita. Pero en relación con Azizi y su creciente grupo de admiradores, se refirió a ellos sin nombrar a nadie; en ese marco genérico que utilizaba, hablaba elípticamente de algo más. Citó la preocupación que provocaron unas nuevas preguntas en las charlas. «Algunas preguntas sobre la yihad: ¿se puede utilizar la fuerza para cambiar o no se puede? Cuando escuché esta pregunta tuve mucho interés. Tuve sospechas de que había algo tras esa pregunta. El islam nunca permite matar a inocentes, ni atacar nada», dijo Moneir.

No era evidente entonces, sin embargo, que el sentimiento de injusticia empezaba a transformarse, en la mente de algunos de sus alumnos, en un deseo de pasar a la acción. «No tenía ninguna idea de que ellos estaban en un grupo de yihad, o que querían hacer algo, solamente que tenían un mal pensamiento, y yo tenía que corregirlo», dijo Moneir.

Las largas discusiones sobre el islam en la mezquita tenían, así, significados diferentes para los presentes. Algunos buscaban un primer nivel de argumentos con los que justificar la violencia. Moneir trataba de aclarar malentendidos y desencuentros. A pesar del paso de Azizi por Afganistán, no parecía violento, parecía simplemente «un hombre que quiere hacer algo por el islam», según Muad, y sólo en este sentido —de compromiso— radical. Al hablar de terrorismo, los musulmanes a menudo prefieren hablar de extremistas, porque *radical*, de *raíz*, abarca posturas más amplias y puristas pero no violentas. Y los extremistas son una pequeña minoría. Muchos salafistas, de una corriente más amplia que localizaba el verdadero islam en sus primeros años de existencia, en el siglo VII, sí que veían en el Afganistán de los talibanes su gran esperanza, donde la práctica de un islam puro (primitivo, según otros musulmanes) les devolvería el bienestar espiritual y social que habían perdido con el califato.

Moneir era un sabio respetado por sus estudios y por sus conocimientos del islam. Al mismo tiempo, era un funcionario con un sueldo que abona Arabia Saudí, es decir, formado en la escuela wahabí. El wahabismo es una variante dentro del movimiento salafista, de carácter estricto, tradicional. Los wahabíes son muy conservadores si se los compara con otras corrientes del islam, las imperantes en Turquía, Indonesia o Marruecos, por ejemplo. Pero también es una religión de Estado, creada originalmente en oposición a una corriente sanguinaria y mucho más extremista.

Arabia Saudí financia mezquitas en todo el mundo. Los saudíes cuentan con una autoridad natural al ser los guardianes de los lugares santos del islam, y por lo tanto al ser identificados como verdaderos musulmanes. Al mismo tiempo, son considerados el poder del mundo musulmán. En opinión de los jóvenes yihadistas alterados por las injusticias en el mundo, el poder en los países musulmanes es corrupto y, por extensión, la corriente wahabí es un engaño destinado a desviar a los musulmanes de su camino y mantenerles pasivos.

Pasar del pensamiento a la acción, es decir, hacer algo «de verdad» contra aquellas injusticias, aparte de pensar en ellas y lamentarlas, era una forma de rebelarse contra la autoridad establecida.

«Antes sólo teníamos salafismo de la esencia, ahora hay otros salafismos, salafismos de la yihad», nos dijo Moneir cuando le preguntamos sobre la influencia del salafismo.

En aquellas discusiones en las que Azizi hablaba de acción, Sarhane no decía nada, rememoró Muad. Pero había un aspecto de los debates que, aun pareciendo una cuestión menor, no lo era, y mucho menos para el economista antisistema que era Sarhane: ¿es aceptable pagar intereses? Es un tema de debate de efectos prácticos entre los inmigrantes musulmanes, familias en busca de prosperidad en una España con pocos pisos en alquiler (y menos para árabes) y un *boom* de hipotecas accesibles. También para los que buscaban una alternativa a los trabajos precarios y mal pagados y necesitaban préstamos para montar sus propios negocios. Alguien planteó la pregunta en la charla. «Moneir dijo que se podía comprar casa y pagar intereses si no se puede alquilar —recordó Muad—. «Amer dijo que estaba prohibido, haram.»

Mohamed también se acordaba de aquella discusión. Se habló de la prohibición explícita en el Corán de pagar intereses, y también de una sura —un capítulo del libro sagrado— que lo matiza y que se ha utilizado para justificar el pago de intereses por parte de los musulmanes que viven en Europa. Los ulemas oficiales han promulgado una fetua que lo permite bajo ciertas condiciones.

De esos días son las primeras réplicas directas de Sarhane a Moneir. Él planteaba sus dudas y lo discutían con continuas citas y referencias al Corán y a la sunna, el conjunto de dichos y hechos atribuidos a Mahoma, con la tensión de estar rodeados y atendidos por el grupo y la idea latente de que la jerarquía intelectual y cuestiones de legitimidad y pureza estaban en juego.

Como Azizi, Sarhane sostenía que pagar intereses, de cualquier tipo, era totalmente inaceptable, haram, y empezó a discutir con el imán. «Normalmente Moneir le ganaba a Sarhane, porque tenía más capacidad que Sarhane. Moneir se sabía de memoria todo el Corán», dijo Mohamed. Recordaba también que había algunas protestas de la mayoría, fieles a Moneir, ante la insistencia de los críticos.

La palabra *kufar* era central en los debates. Son kufar los no creyentes o, más específicamente, los ateos (los cristianos y judíos creyentes, por ejemplo, no son kufar para los musulmanes más moderados). «Moneir le dijo: "Tú tienes una residencia aquí y tienes que respetar a los españoles"», recordó Muad. Se utilizaba la palabra *kufar* para referirse a los españoles. El tono de las discusiones era todavía colegial, aunque apasionado.

Cuando Azizi dejó de ir a esos debates, Sarhane se quedó aislado de nuevo.

«No recuerdo que nadie le diera la razón a Sarhane —dijo Mohamed—. Siempre estaba solo. Luego se callaba, porque la gente se lanzaba contra él, porque estaba haciendo perder el tiempo a la gente. Nosotros íbamos a aprender. Yo muchas veces le contesté: "Si todas estas cosas que te ha dicho Moneir no te convencen, por favor déjalo".»

La ruptura que provocó un cisma público en la mezquita de la M-30 se puede fechar en el verano de 2001, en una plegaria de un viernes. Moneir entró como siempre en la mezquita, llena a rebosar con alrededor de seis mil varones porque era verano, y tiempo de vacaciones, lideró los rezos y empezó su sermón. El conflicto estalló cuando Moneir, en su sermón, acusó a algunos de confundir las apariencias con la verdadera sabiduría.

«Moneir criticó al que piensa que sabe mucho del islam pero hace daño al islam —recordó Mohamed—. Esa gente pensaba que dejándote la barba ya eras un sabio del islam, un jeque, que podía hacer fetuas. Como tenían barba, pensaban que se refería a ellos, y se enfadaron. Dejaron de venir a rezar, y fuera dijeron muchas cosas.»

Azizi y sus seguidores salieron de la mezquita furiosos y empezaron una campaña en contra de Moneir. Dijeron que, como wahabí, Moneir no tenía derecho a criticar a gente más joven que sentía la necesidad de predicar el islam en Europa. Para aquel grupo, la crítica de Moneir era la última prueba de que en realidad no era musulmán. Era un hipócrita, un kufar, un no creyente. Luego Azizi proclamó una fetua ante sus seguidores, excomulgando la mezquita y a Moneir, y prohibiendo que rezaran detrás de él.

¿Que pasó exactamente en la comunidad musulmana de Madrid? Entre ellos, los acontecimientos fueron muy comentados. Tenía las dimensiones de un caso famoso entre los musulmanes practicantes. En eso, Moneir fue explícito sobre su papel, sin entrar en detalle en los hechos. Fue claramente un momento clave, decisivo.

«Dejaron el centro cuando me enfrenté con ellos, cuando dijeron que era incrédulo, no musulmán. Utilizaron una frase de la jurisprudencia islámica que significa que no se puede rezar en esta mezquita, porque el imán es incrédulo», dijo Moneir.

El jordano Abdulá fue un observador privilegiado de todo el proceso: admiraba a Moneir, pero vivía con Sarhane.

«Digamos —dijo Abdulá— que fueron dos fases distintas. Al principio no había ningún problema en que siguieran a cualquier imán, fuera el jeque Moneir o yo. Pero en los últimos años, vamos a decir los últimos dos años, ya no iban a la mezquita.»

Fuera de la mezquita les esperaba con los brazos abiertos y planes concretos Imad Eddin Barakat Yarkas, alias Abu Dadah, un sirio de treinta y ocho años, que llevaba unos doce residiendo en España y que vivía del comercio de todo tipo de productos, desde frutas y verduras hasta coches. Todos sus clientes eran musulmanes, y viajaba mucho, dentro y fuera de España. Casado con una española convertida al islam e hijo de un general del ejército sirio, Abu Dadah era sociable, inteligente y manipulador. Era especialmente conocido en Lavapiés, donde mantenía relación con los comerciantes de ropa, y en la mezquita del barrio de Estrecho, fundada por sirios. La policía española le tenía fichado, y bajo vigilancia desde su intento de hacerse con la dirección de la mezquita criticando al imán sirio. Sabía que gestionaba una red para captar a musulmanes dispuestos a hacer la yihad y enviarles a las zonas de conflicto como muyahidines. Sabía que su actividad comercial era una tapadera perfecta para su función real, y también una estructura financiera flexible y difícil de controlar por la policía. El compendio de sus viajes y de sus contactos sería luego un mapa de la yihad en Europa en esa época.

No frecuentaba la mezquita de la M-30 excepto para llevar a sus hijos a su escuela por las mañanas y para charlar con otros padres. Declaraba abiertamente que su «emir» era un conocido predicador extremista, Abu Qutada, alias el Palestino, nacido en Belén en 1960, de nacionalidad jordana y residente en Londres desde 1993. Exiliado de su país de origen, con una condena por vínculos terroristas, consiguió asilo político. En los años noventa sus labores político-religiosas se centraron en la guerra civil en Argelia, apoyando las tácticas atroces de los islamistas más extremistas. Se convirtió en una referencia espiritual de los yihadistas en Europa. Mohamed se acordó de que Abu Dadah hacía campaña a favor de su emir en el exterior de la mezquita. También se acordó de su conocida oposición a las enseñanzas de Moneir. En una ocasión, los seguidores de Moneir tuvieron que defenderle de los ataques verbales de Abu Dadah cuando dio una conferencia en la mezquita de Estrecho, entonces feudo suyo. Le acusó de ser lacayo de un gobierno corrupto como el saudí.

El activo viajero Abu Dadah mantenía relaciones con otro predicador extremista destacado, Mohamed Fizazi, que a su vez tenía vínculos con la «célula de Hamburgo» de al-Qaeda, clave en la planificación y la ejecución del 11-S. La policía española grabó una conversación entre Abu Dadah y un comerciante de Lavapiés sobre una visita a Fizazi en Marruecos en el verano de 2001. Sospechaba que Abu Dadah hacía labores de financiación de los predicadores extremistas, que luego le servían para reclutar para la yihad y formar a muyahidines con capacidad operativa. Como la mayor parte de los inmigrantes musulmanes en España son marroquíes, buscaba aliados que les dieran a él y a su causa una autoridad moral y religiosa entre ellos. En este contexto, Azizi se convirtió en su candidato para atraer a más gente. Sus protestas contra el gobierno sirio y su viaje a Afganistán son indicios de que estaban ya bajo la influencia de Abu Dadah. Éste diría luego que había conocido a Azizi a principios de 2001, y que le gustaba conversar con él por sus conocimientos religiosos.

De repente, el 11 de septiembre de 2001, al-Qaeda se convirtió en el principal enemigo de los gobiernos occidentales. Sólo entonces se empezó a entender que el yihadismo tenía raíces profundas en Europa y se empezaron a descubrir sus relaciones con al-Qaeda en Asia. Con el tiempo, se vieron los vínculos de todo el movimiento, a través de personas con funciones diferentes, como Abu Qutada, con un papel de sabio extremista, y Abu Dadah, volcado en cuestiones logísticas.

Pero sería otro de los conocidos de Abu Dadah quien cobraría luego mucha más importancia en las investigaciones sobre yihadistas en Europa y sus vínculos con al-Qaeda. Se trataba de un pensador estratégico, con pasaporte español. Nacido en 1958, cinco años antes que Abu Dadah, Mustafá Setmarian Naser, apodado en círculos yihadistas Abu Musab al-Suri (entre otros muchos nombres), un sirio pelirrojo, compacto y fuerte, con inquietudes intelectuales, llegó a España en 1985 huyendo —como Abu Dadah— de su país por sus conexiones con la oposición islamista contraria al gobierno socialista de Hafez al-Assad. Setmarian militó en un grupo clandestino y armado cercano a los Hermanos Musulmanes, el principal movimiento islamista, fundado en los años veinte en Egipto. El conflicto entre la guerrilla islamista y el gobierno laico, socialista, de Assad se intensificó en 1980 con un intento fallido de asesinato contra el presidente. Assad respondió con una represión implacable y la eliminación o la encarcelación de cientos de miembros de los Hermanos Musulmanes y sus aliados.

Como muchos, Setmarian salió del país antes de ser detenido. En los años entre su salida de Siria y su llegada a España, vivió en Jordania, Arabia Saudí y Francia. Simpatizante todavía de los Hermanos Musulmanes, actuó como instructor militar de sus militantes en campamentos en Jordania e Irak, lo que tuvo una importancia capital en su currículum posterior.

Fue en España donde Setmarian empezó a fraguar su estatus de intelectual estratégico de la lucha armada yihadista, o «arquitecto de la yihad global», como se titula una biografía reciente. En

1986 se casó con una española de veinticuatro años, en Madrid, y poco después la pareja se instaló en Granada. Setmarian abrió allí una tienda de ropa y productos artesanales. Le gustaba recordar que vivían en al-Ándalus, centro del antiguo califato medieval, establecido por sirios. Más que a regentar la tienda, se dedicó a escribir su primer libro, de novecientas páginas, titulado *La revolución islámica yihadista en Siria*. Sería el primer paso hacia su obra más conocida, *El llamamiento a la yihad global*, referencia esencial de la estrategia de al-Qaeda posterior al 11-S.

Con pasaporte español gracias a su matrimonio, Setmarian podía viajar sin problemas. Su compromiso con la yihad le llevó a Pakistán en 1988, donde conoció a Osama Bin Laden, entonces patrocinador de una oficina de servicios (The Services Bureau) dirigida por Abdullah Azzam para coordinar la contribución económica y de varios miles de voluntarios muyahidines reclutados en países musulmanes para la guerra de Afganistán en contra de la invasión soviética. Según sus propias palabras, Setmarian formaría parte del círculo más próximo al «jeque» Bin Laden en el momento de la fundación de al-Qaeda. El nombre proviene de la labor de Bin Laden y sus socios al entrenar a los voluntarios para enviarles al frente. «Al campo de adiestramiento lo llamábamos al-Qaeda y el nombre perduró», explicó luego el mismo Bin Laden.

Entre 1988 y 1991 Setmarian fue instructor militar y estratega de al-Qaeda en Afganistán. Mantuvo su contacto con Bin Laden cuando el jeque se mudó a Sudán, antes de volver a Afganistán cuando los talibanes llegaron al poder. En 1994 Setmarian se instaló en Londres, para seguir con sus estudios y publicaciones. Colaboró con la revista *Al-Ansar Newsletter* de Abu Qutada, que apoyaba al Grupo Islámico Armado en su sangrienta campaña contra el régimen militar en Argelia. Se oponía completamente al islamismo moderado del Frente Islámico de Salvación, que iba camino de ganar legítimamente las elecciones de 1994, lo que provocó un golpe de Estado militar basado en el argumento de que el FIS acabaría con la democracia. En los seis años de guerra, murieron entre ciento cincuenta mil y doscientas mil personas, la mayoría civiles.

Setmarian se había convertido con los años en uno de los críticos más feroces del islamismo no violento de los Hermanos Musulmanes. Incluso con sus compañeros yihadistas, hasta con el propio Bin Laden, mantenía cierta distancia crítica y se mofaba de ellos si sus actitudes religiosas perjudicaban los resultados prácticos. Era muy conocido y respetado por los líderes extremistas en Argelia. Sus capacidades eran tan conocidas que fue invitado por el GIA a transmitir sus conocimientos técnicos en materia de bombas a sus guerrillas. Decidió no aceptar la invitación, dijo luego, para seguir con «el magnífico trabajo de difusión mediático y de reclutamiento que dirigimos en Londres en apoyo de muchas causas islamistas».

Es posible que un motivo para mudarse a Londres fuera el creciente interés de la policía española en sus actividades. El 30 de marzo de 1995 observaron cómo Abu Dadah acompañaba a su esposa y sus dos hijos al aeropuerto de Barajas, de camino hacia Londres. La vigilancia era suficientemente intensiva para que tomaran nota de los dos hombres árabes que ayudaron a Setmarian a trasladar los muebles del piso alquilado en la calle León Felipe hasta un almacén en la calle Soldado José María Rey, a principios de junio.

Desde Londres, Setmarian actuó entre 1996 y 1997 como un hábil jefe de prensa de al-Qaeda, gestionando dos entrevistas con Bin Laden, que había regresado a Afganistán, una con la CNN estadounidense y otra con el canal británico Channel 4. Su importancia estratégica aún no era reconocida fuera del movimiento yihadista. La policía española registró un total de diecisiete visitas de Abu Dadah a Londres en esta época.

En 1998, Setmarian regresó a Afganistán y es probable que, hasta su detención en 2005, no se moviera de allí. Su misión era la de recibir a los simpatizantes de la yihad que, como Sarhane en esa época, empezaban a desear dar el paso de las palabras a los hechos.

De esa época —agosto de 2000— datan seis cintas de vídeo halladas en Afganistán tras la caída de los talibanes. En ellas aparece Setmarian impartiendo clases de yihadismo. Expone sus dos objetivos: difundir las cintas para que los militantes sepan cómo combatir la «opresión judeo-cruzada» e instruir en aspectos operativos, como el mantenimiento a salvo de las células y los procedimientos si fracasa una operación. En las películas, Setmarian reflexiona sobre la «degeneración» del mundo occidental, con el pecado, los gays y las lesbianas como ejemplos. Sacarlos a relucir es un buen modo de incitar a los musulmanes —puros— a actuar, dice. Añade, ante un mapamundi, que el 80 por ciento del petróleo mundial está en suelo musulmán y que Occidente mueve los hilos para mantener el precio bajo. Las grabaciones son anteriores al 11-S, pero Setmarian ya alude al que será el principal rasgo del yihadismo moderno: hay que actuar en cualquier lugar. «Si oís en Malasia lo que sucede en Chechenia, id a matar al agregado ruso a puñaladas», dice. Para elegir los blancos hay dos criterios: causar el máximo dolor al enemigo y despertar a los musulmanes tanto como sea posible. Entre los objetivos que el yihadista puede atacar, apuntaba, están los centros de otros cultos y los culturales porque son fábricas de enemigos del islam, las empresas que roban el petróleo musulmán, cualquier sede diplomática, militar —incluidas las viviendas de las familias— y de la seguridad —incluidos médicos o profesores, que en realidad son espías—, y toda forma de turismo.

Su aportación táctica más importante, en el análisis de la formación de grupos capaces de atentar, son sus argumentos a favor de una evolución hacia un tipo de terrorismo espontáneo, poco dirigido y, por lo tanto, mucho más difícil de detectar y desmantelar. Setmarian criticaba la estructura jerárquica de al-Qaeda en aquella época, dibujando en una pizarra un árbol de células con un tronco y una copa comunes. Era una estructura antigua, poco segura, según el ideólogo. Para ello, instaba a formar brigadas autónomas, con no más de diez miembros.

Cuando por fin Setmarian fue identificado como uno de los cerebros de al-Qaeda, en noviembre de 2004 se puso precio a su captura: cinco millones de dólares.

Un portavoz del Departamento de Estado estadounidense le acusó públicamente de haber sido instructor de los muyahidines en el uso de sustancias químicas y venenos en los campos afganos de Derunta y Al-Guraba.

Setmarian le contestó publicando una declaración en internet: «Me honro de conocer al jeque Osama desde 1988 y me honro de haberme unido a al-Qaeda y haber trabajado allí hasta 1992. También adiestré a varias de sus primeras vanguardias y entrené en sus campamentos y en otros campos de árabes afganos, sobre todo en mi esfera de conocimientos: ingeniería de explosivos, operaciones especiales y guerra de guerrillas, para la que recibí una elevada formación en Irak, Egipto y Jordania. Me honro de haber participado durante ese período en la yihad afgana contra los rusos y los comunistas, hasta que aniquilamos su vida, doblamos sus banderas e hicimos escarmiento de ellos, como haremos con Estados Unidos con la ayuda de Dios. También me honro de haber emigrado al hogar del islam en Afganistán cuando fue creado, y me honro de haber jurado lealtad al emir de los creyentes, el mulá muyahidín Muhammad Omar, mano con mano, en Muharram en el año 1421 [2000]. Después trabajé como muyahidín para el Ministerio de Defensa talibán y fundé el "campo de extranjeros" [Al-Guraba]; adiestré en él a muchos árabes y no árabes. Infieles y apóstatas han catado la fuerza de algunos de mis pupilos en Asia Central, en el país de las dos Mezquitas Sagradas injustamente conocido como "Arabia Saudí" y en otros países».

Setmarian no mencionó el atentado del 11-M en España. Es difícil medir su grado de implicación directa en su gestación. Es fruto de su propia experiencia y enseñanzas que esto sea así.

En los conflictos internos en las mezquitas de Madrid, y por extensión en gran parte de Europa, su influencia llegaba por lo menos a través de sus libros, fácilmente accesibles en internet, y a través de las ideas de ex colaboradores o antiguos alumnos. El debate giraba alrededor de las obligaciones de los musulmanes en tiempos de crisis y de cómo deberían hacer la yihad. ¿Deben concentrarse en luchar contra el enemigo cercano, los gobiernos árabes opresores, o deben concentrarse en atacar al enemigo lejano, Estados Unidos y sus aliados, Occidente?

Abu Qutada se forjó un nombre desde el exilio en Londres, en la primera lucha, con discursos incendiarios contra los gobiernos (como el de su país, Jordania) que reprimían a los islamistas. Osama Bin Laden y Ayman al-Zawahiri (obsesionado al principio con derrocar al gobierno de Egipto) eran los líderes de la segunda opción, la de abrir la lucha internacionalmente, y Setmarian se preocupaba de diseminar los conocimientos tácticos y técnicos para ponerlo en práctica.

En cualquier caso el jeque Moneir, con sus alegatos a la convivencia y al estudio tradicional del Corán, era visto como un traidor por los extremistas.

7

El río

2001

La culminación del malestar y de la pugna que mantenían extremistas y moderados fue un encuentro, planificado por los primeros, junto al río Alberche, unos cuarenta kilómetros al sudoeste de Madrid. Muy al principio de la investigación fuimos al lugar para grabar imágenes. Ya había salido en la prensa que «la célula» se había forjado en «reuniones» y barbacoas en ese lugar, donde jugaban al fútbol y nadaban en el río.

En los análisis policiales y testimonios judiciales del sumario encontramos descripciones fragmentadas de aquellos episodios. Las excursiones al río fueron casi un hábito de la comunidad musulmana, como lo eran de otros vecinos de Madrid y de las ciudades de los alrededores. Esta distracción era típica de los árabes de Oriente Próximo, según contaban algunos marroquíes con los que hablamos durante la investigación. Era una forma, o una excusa, de juntarse para los momentos de ocio. En esos encuentros se hablaba más de temas políticos que de religiosos, pero en un ambiente distendido, social. Más de charla que de debate.

Sarhane era un habitual de las excursiones, como algunos más que luego fueron acusados de colaborar en el atentado. Pero muchos otros eran simplemente conocidos de la mezquita, generalmente jóvenes, con trabajos precarios, más o menos aislados en un país extranjero, buscando relacionarse con los suyos y distraerse los días de fiesta.

Al lugar donde se concentraba este grupo se llega como a una playa. Hay un aparcamiento junto a la carretera, justo antes de un puente que atraviesa el río, y un sendero que desciende hasta el cauce. El río no es grande, pero el lecho es ancho y arenoso; incluso forma unas dunas ligeras.

En la ribera del aparcamiento hay una serie de chiringuitos y, entre ellos, barbacoas públicas de ladrillo y cemento, bajo árboles bajos, pinos y acacias esencialmente. A unos cientos de metros, una curva del río forma un remanso, a la sombra, bajo unos álamos, donde hay profundidad suficiente para nadar.

Fuimos a grabar por primera vez en junio, un día entre semana. Había unas cien personas esparcidas por la ribera del río. Era una mezcla de españoles e inmigrantes que se bañaban o jugaban al fútbol en la arena, y varias familias gitanas asaban carne en las barbacoas. Es un sitio accesible, espacioso y natural, y, sin ser idílico, popular. Bajo los árboles, en la zona más tranquila de la ribera, había una pérgola redonda, con peldaños para sentarse, una especie de anfiteatro en desuso. Más tarde supimos que era allí precisamente donde los musulmanes, en sus encuentros, rezaban sus oraciones. Es probable que aquella construcción abandonada también fuera el escenario de la discusión definitiva, al final del verano de 2001, en que la figura de Amer Azizi, y su influencia sobre Sarhane, tendrían su expresión más decisiva.

Tras hacerse público y notorio el rechazo de los de Azizi hacia el liderazgo espiritual de Moneir, un viernes, después del rezo, empezó a correr la voz de que la gente iba al río, con la imperceptible premura que imprimen las épocas de tensión. Muad recuerda que había mucha gente en la mezquita aquel viernes. No era una excursión normal y todo el mundo lo sabía. Flotaba en el aire un desacuerdo especial, casi morboso, porque se estaba empezando a escenificar una lucha interna, de ideas.

Unos diez coches llenos de jóvenes musulmanes fueron al río. La gente iba preparada para pasar todo el fin de semana allí, durmiendo al aire libre, hasta el domingo por la noche.

Azizi llegó acompañado de Abu Dadah, que le llamaba «emir» como signo de respeto, quedando él en un segundo plano. Entonces empezó el debate.

Azizi, el héroe autodidacta de Afganistán, estaba en una esquina del grupo; en la otra, Abdulá, el docto y respetado joven jordano, que en esos momentos convivía con Sarhane. «Estaba como calculado para hacer un debate con Abdulá. Eso pensé porque escuché temores, porque Amer Azizi ya no venía a la mezquita y él no conocía muy bien a Abdulá», dijo Muad.

Abdulá recordó que el debate fue fuerte, porque había gente entre el medio centenar de personas presentes «que deseaba saber».

Azizi empezó pidiendo que cada persona realizara un donativo de un euro para Afganistán. «Ahí más o menos hablaba normal —dijo Muad—. Luego, cuando empezó a criticar a Moneir y a decir que los musulmanes que no rezan o que no ponen un euro, son kufar, ahí entró Abdulá.»

«Lo que más me chocó —recordó Abdulá—, fue la crítica al jeque Moneir, y como él no estaba yo hice de defensor de esta persona. Criticaban que tenía miedo y que estaba intentando hacer lo que les gusta a los europeos. Yo no estaba de acuerdo y dije que el jeque Moneir realmente explicaba lo que es el Corán y la sunna.»

Al igual que tras las clases de Corán, cuando muchas preguntas planteaban qué es halal y qué es haram, lo lícito y lo ilícito, las fronteras del «pecado», en el debate a la orilla del río hubo una lucha dialéctica acerca de las interpretaciones de los textos religiosos. Frente a aquel público, la prueba de fuerza era el conocimiento de esos documentos. Azizi, el antiguo alumno aventajado de Moneir, tenía en su favor su forma de interpretar el Corán, muy literal y, en este sentido, radical. Además, podía apelar a la pureza, como los talibanes en Afganistán, porque había estado allí; había avalado sus creencias aportando acción. Sus argumentos eran fáciles de entender, y ganaban valor con la simple reproducción de un hadiz, uno de los dichos o hechos atribuidos a Mahoma. Ante una audiencia proclive, o ante individuos de escasa formación, su discurso podía resultar potente, impactante y seductor.

Abdulá estaba avalado por sus estudios sobre leyes islámicas, en escuelas y universidades. Podía argumentar sus interpretaciones con mayor profundidad, elaboraba más y mejor sus reflexiones. Desde su posición, tachaba los argumentos de los extremistas de simplistas y les recriminaba que sacaran citas del Corán fuera de contexto o sin contar con otras citas contradictorias, y además sin tener en cuenta las fetuas de los sabios, Moneir entre ellos.

Los argumentos de uno y otro calaban más o menos en cada oyente según su capacidad intelectual y su predisposición.

Cuando lo entrevistamos, hablamos con Abdulá sobre los extremistas en general, porque no quería citar nombres concretos, como el de Amer Azizi o el de Sarhane. Abdulá afirmó que las ideas de los extremistas fueron recopiladas de fuentes diversas y, sobre todo, extraoficiales. Muchas veces, de los escritos de Abu Qutada o Mohamed Fizazi, que se publicaban como pequeños libros o en fotocopias, o de sus sermones, que llegaban en forma de casetes. Con éstos, se alimentaron para discutir con los demás musulmanes. «Cuando yo les hablaba, tenía argumentos del Corán, dichos del profeta Mahoma, y ellos tenían algunos argumentos como éstos, unos dichos del Profeta, otros aleyas, pero cogían un trozo y lo tenían como ley sin entender este texto junto a los demás. No podemos cortar y pegar... Yo les preguntaba:

pero ¿tú has entendido el conjunto de los aleyas, tú has entendido el proceso [de redacción] del Corán, que ha sido de veintitrés años?» Abdulá sostenía que es necesario conocer el proceso de escritura del Corán para interpretarlo, porque su mensaje evoluciona. «La creencia no cambia, pero la ley sí.»

Ante inmigrantes que están intentando fortalecer su debilitado sentido de identidad, las interpretaciones de la regla común podían resultar especialmente importantes, más por su robustez y apariencia que por sutileza intelectual.

Abdulá intentó explicar cómo se puede malinterpretar el Corán por ignorancia. Un hadiz que se debatía en aquellos encuentros reapareció después en un documento en el ordenador de los terroristas. Esa cita religiosa habla de la necesidad de diferenciar a los musulmanes verdaderos de los no musulmanes y de deshacerse «de los musulmanes que viven entre infieles», lo que venía a decir que había que emigrar a lugares puros o vivir considerando kufar tanto a los no musulmanes como a aquellos que les aceptan. Para Abdulá, el sentido literal puede entenderse como «tengo que salir de España, tengo que buscarme la vida». Pero en realidad este hadiz se refiere a una situación muy diferente. «Era el principio de la inmigración de La Meca a Medina y el Profeta quería distinguir entre musulmanes y no musulmanes, que era ya un momento muy importante, puntual, en el principio del islam. Y tenía que saber quiénes eran los musulmanes y quiénes eran los kufar, los infieles o hipócritas. "Si tienes el islam en el corazón tienes que venir a Medina", decía. Y luego sabemos que hubo un enfrentamiento entre Medina y La Meca, y entre los musulmanes y los incrédulos idólatras, y ganaron los musulmanes. Pero fue algo momentáneo, y si yo lo aplico para todo esto no funciona. Era bastante literal, lo que argumentaba [Azizi] era un hadiz y ya está, lo que aparentemente dice el hadiz, sin profundizar, es bastante literal.»

Azizi y sus seguidores justificaban su estancia en la tierra de los

115

infieles sólo para estudiar o por razones económicas, y siempre con la intención de volver a su tierra. El problema, para algunos, era que no podían regresar, por sus ideas políticas. De ahí nacía en buena parte la gran atracción que sentían algunos por el Afganistán bajo los talibanes. Aquel país era, a finales de los años noventa y principios de siglo, una tierra, por fin, de musulmanes puros y no de musulmanes kufar, como los de los gobiernos árabes corruptos.

Estas posturas podían llevar a actitudes agresivas en contra de los kufar, entre quienes estaban condenados a vivir; en su imaginario, esta convivencia era impuesta por las circunstancias, era algo así como una penitencia que debían soportar en contra de su voluntad. El siguiente indicio de una mayor radicalización sería dejar de lado las normas morales cuando se trataba de los kufar, pervirtiendo la libertad disponible y haciendo ideología del oportunismo. Si la supervivencia en una sociedad degradada exigía obviar actitudes morales, éticas o incluso legales, podía aceptarse mientras las víctimas fueran kufar.

«Había grados de extremismo entre ellos, no todos tenían el mismo grado. Todos tenían en común cosas principales, que tenían que rezar mucho, que tenían que abandonar países donde la mayoría no fueran musulmanes, cosas como éstas. Pero el grado más extremista es engañar, es decir, robar o falsificar... Un grado más es permitir esto», analizó Abdulá.

En aquellas fechas Sarhane ya estaba haciendo sus negocios en Lavapiés con ordenadores y teléfonos robados. Una vez perdida la beca universitaria, como muchos inmigrantes empezó a ganarse la vida en negro.

Disponer de una justificación religiosa para robar y delinquir tuvo efectos diversos: reforzó la línea divisoria entre el grupo de fieles y los kufar. En cierto modo, con cada robo o engaño deshumanizaban más a los kufar. También aplacaba los sentimientos de culpabilidad: porque robar y engañar no está permitido en el islam, como subrayaba Abdulá. Ese método conduciría a la clandestinidad y al aislamiento, porque sus prácticas debían obviamente ser secretas. Y les abriría más un modo de supervivencia que no necesitaba el beneplácito de un sistema y de una sociedad en los que ellos habían intentado entrar y habían fracasado.

Sarhane, según un compañero de la universidad, nunca reconoció un fracaso, aunque su vida estaba plagada de ellos y de grandes planes sin consumar. Tenía muchos proyectos comerciales e incluso mediáticos y culturales, todos ellos ambiciosos, pero tres años después de perder la beca no estaba más cerca de legalizar su forma de subsistencia ni de establecer un negocio legal. Y contaba a sus ex compañeros de la universidad que no podía volver a Túnez porque allí no había libertad. Al mismo tiempo, tenía claro que no podía quedarse para siempre en España. Para Sarhane, los argumentos de los extremistas ofrecían una explicación a sus fracasos.

En el río, en 2001, Sarhane todavía no se declaraba abiertamente seguidor de Azizi, aunque el bibliotecario de la mezquita había notado la creciente influencia de Azizi sobre él.

En el debate del río estaba claro con quién simpatizaba Sarhane. «Era claro que estaba con Azizi y Abu Dadah —dijo Muad—. Sarhane no opinaba, pocas veces le he visto hablar en alto. Le apoyaba de otra manera, en silencio, y hablaba mucho a solas con Azizi y Abu Dadah.»

Aquel fin de semana junto al río supuso un punto de inflexión y la manifestación de unas intenciones cada vez más extremistas y agresivas. Pero tampoco fue un gran éxito de los más radicales. Abdulá tenía la impresión de haber convencido a algunos indecisos. Pero también sabía que otros se mantenían en la misma posición extremista que antes.

La lucha dialéctica sirvió para identificar a gente afín en las ideas, más que para plantear acciones concretas. «La excursión era

117

para atraer más gente», opinó Muad. Veía que muchos simpatizaban con los sentimientos de solidaridad hacia otros musulmanes. Pero había «muy pocos» plenamente de acuerdo con las ideas de Azizi y con sus ganas de «hacer algo» en favor de Afganistán.

Pocas semanas más tarde, un debate tan abierto en estos términos habría sido imposible. Después de los atentados del 11 de septiembre de 2001 en Estados Unidos, «hacer algo» por el islam no se entendería sólo en términos de viajar a Afganistán y apoyar a los talibanes. Luchar contra los kufar tendría un sentido global, inmediatamente comprensible. No sólo los musulmanes que simpatizaron con aquel atentado cambiaron de perspectiva, sino que también lo hicieron los servicios de seguridad de todo Occidente, incluidos los españoles, que entendieron que la posibilidad de ser atacados en sus propios países ya entraba perfectamente dentro de lo razonable.

Aunque es probable que aquel septiembre aún no pensara en ello, la mentalidad literal de Sarhane ya tenía un modelo muy claro de lo que significaba organizar un atentado.

8

La cárcel de Tetuán

2000-2003

Jamal volvió a Marruecos en diciembre de 2000, e ingresó en la cárcel Bab Nuader de Tetuán el 12 de diciembre de 2000. No sabemos exactamente cómo llegó allí; meses más tarde Raquel entendió, en una conversación por teléfono con Jamal, que había sido detenido en el Sahara, donde estuvo «con unos amigos», y que de allí fue trasladado a Tetuán. ¿Por qué fue al Sahara? ¿Cómo fue detenido, cuando su propósito era entregarse y resolver su caso? Es una incógnita aún, a pesar de las numerosas gestiones, durante meses, con el gobierno marroquí. Fue imposible conseguir una entrevista con el Ministerio de Justicia ni un permiso para un rodaje y una investigación en el país sobre este tema.

De todos modos, Jamal debió de entrar en Marruecos con papeles falsos, según Hamid, en contra de los consejos del abogado que en España se había ocupado de intentar legalizar su situación de inmigrante. En julio de 2000, unas pocas semanas después de montar su huida espectacular del centro de extranjeros, donde había ingresado con nombre falso, empezó a tramitar la petición de residencia con su nombre real, hasta entonces desconocido en

España, Jamal Ahmidan. De allí, una vez más, probablemente tuvo que reconocer que sus antecedentes penales en Marruecos le cerraban el paso a la vida legal en Europa. Tenía coches de lujo, ganaba decenas de miles de euros en cada operación de importación de éxtasis, vestía bien, en su mundillo gozaba de estatus, se había acostumbrado a mandar, dirigía sus negocios a distancia, había esquivado el acoso de la policía y tenía fama de conseguir lo que se proponía. Había salido corriendo de su país un decenio antes y ahora, con treinta años recién cumplidos, estaba seguro de que el poder de su dinero en Marruecos conseguiría la anulación definitiva del cargo en su contra.

Políticamente, Marruecos estaba en un momento de ebullición, con el nuevo rey, Mohamed VI, en su segundo año. Tras reinar con mano dura durante treinta y ocho años, su padre, Hassan II, había iniciado a mediados de los años noventa una tímida apertura hacia los islamistas, que en sus múltiples expresiones representaban la oposición más popular en el país. Legalizó un partido islamista moderado, el Partido Justicia y Desarrollo (PJD). En 1997, el PJD se pudo presentar a las elecciones con tres condiciones: renunciar a la violencia, reconocer la autoridad del rey y someterse a la escuela malikí, la doctrina jurídica islámica oficial en Marruecos. Entró en el Parlamento, con nueve escaños: cinco por Casablanca y uno por Agadir, Tetuán, Tánger y el campo de Fez; en el año 2000 ya tenía catorce.

Un hecho diferencial a la hora de descubrir el panorama del islamismo marroquí es que el árbol genealógico del rey de Marruecos llega, según la tradición, hasta Mahoma. Este hecho le otorga legitimidad religiosa y autoridad ultrapolítica como emir al-Muminin, o «comendador de los creyentes». El rey tiene la doble condición de jefe político y espiritual. Para asegurarse mensajes y corrientes proclives en las mezquitas, la monarquía procuraba tener de su lado a los ulemas e imanes. Para ello, en 1961 se creó la Liga de Ulemas de Marruecos, algo así como el cuerpo oficial y controlable, mientras la población fue rural y sedentaria (no viajaba ni siquiera dentro del país) y careció de teléfono, móvil e internet. También se crearon, a mediados de los años setenta —tras varios intentos de golpes de Estado provocados por la riqueza (poco islámica) que lucía el rey—, las asociaciones para la difusión del islam.

El PJD es una fusión de multitud de pequeños grupos, de fracturas recosidas, un mosaico de nombres y tendencias. Las pugnas por controlar el partido eran habituales y visibles, por lo que su cuerpo doctrinal es también un aluvión de aportaciones. En 1999 apareció un librito de 87 páginas firmado por uno de sus líderes, Ahmed Raisuni, que se vendía por el equivalente a un euro en librerías y quioscos. Ofrece una lectura tranquila del islam a partir de las «intenciones» de la sharia, que debe buscar —defiende— el interés común y la felicidad de la persona. Es frío respecto a la monarquía marroquí y enfático en el necesario respeto a la soberanía y la voluntad popular. Denuncia el consumismo, la afición por el tabaco o el vino, los intereses bancarios, la «desnudez indecente» en las playas, la mezcla de sexos, la corrupción, el rechazo de la lengua árabe, el rock duro, los «lugares de perdición» de la juventud, la participación del país en el concurso para elegir a Miss Mundo, etc.

Un grado más crítico con la monarquía es el partido islamista de nombre parecido pero orígenes muy diferentes: Justicia y Caridad. Nunca ha logrado reconocimiento oficial, aunque condena explícitamente la violencia. Fue fundado por un personaje clave en la política marroquí, Abdesalam Yasin, un jeque que en 1974 dirigió una larga carta al rey en la que, bajo el título «El islam o el diluvio», le instaba a retomar la vía del islam, denunciaba el declive moral del país y pedía un verdadero Estado islámico.

En su estructura, Justicia y Caridad es un partido muy diferente del partido tolerado, el PJD. Justicia y Caridad gravita alrededor de Yasin, a quien se tiene por el equivalente a un santo. Es un partido místico, con miles de seguidores, muchos de los cuales han sido encarcelados por el gobierno por considerarlos tibios respecto al uso de la violencia o, al menos, sediciosos potenciales. Yasin ha sido arrestado y confinado en su casa varias veces.

Tanto Yasin como el PJD tenían enemigos acérrimos entre algunos de los predicadores extremistas, algunos de ellos ex miembros de partidos moderados frustrados con la lentitud de la apertura, y con seguidores entre los sectores más pobres de las ciudades. Uno de los clérigos más extremos de Marruecos, que acusaba a Yasin de ser un satélite financiado por Arabia Saudí y de desfigurar el islam con la idolatría que le rendían, era Mohamed Fizazi, el imán que se comunicaba con Abu Dadah en Madrid. Fizazi había vuelto a Marruecos después de vivir durante el año 2000 en Hamburgo (Alemania), donde predicaba en la mezquita Al-Quds, la misma que frecuentaban en la época Mohamed Atta y otros de los terroristas del 11-S. Para Fizazi, los partidos políticos no hacen sino dividir a la umma, la nación islámica global. Es un predicador suficientemente vociferante y agresivo para atraer la atención de otros extremistas. Mientras Jamal Ahmidan esperaba la resolución de su caso en la cárcel en Tetuán, a pocas horas en coche, Fizazi, en su Tánger natal o en Casablanca, mantenía sus contactos con extremistas de Madrid.

En el ala del extremismo islamista marroquí existe una maraña de grupos, la mayor parte de los cuales comenzaron a hacerse visibles a finales de los años noventa, cuando regresaron al país los que habían combatido en Afganistán. Uno de ellos era el Grupo Islámico Combatiente Marroquí (GICM). Nació en 1993 en Peshawar (Pakistán), bajo la denominación de Al-Haraka al-Islamia al-Maghribia, y se inspiraba en el Grupo Islámico Armado argelino. El GICM tiene por objetivo derrocar el régimen marroquí e instalar un Estado estrictamente islámico. Para lograrlo, propugna el llamamiento a la yihad contra el rey Mohamed VI y sus aliados. No vacila en utilizar medios violentos para alcanzar sus objetivos. El GICM tiene implantadas células en las ciudades más importantes de Marruecos, y es también activo en Asia, Oriente Próximo, África, Escandinavia y Europa occidental, incluida España. Se financia con colectas en Europa y con aportaciones directas de al-Qaeda.

En 2001, el GICM estableció un pacto con al-Qaeda. Nafia Nureddine, nacido en 1967, prototipo de esos jóvenes marroquíes, se fue a Afganistán en 1991 y en 2001 desempeñó un papel crucial en el crecimiento del GICM. Se entrevistó con Bin Laden y estableció una alianza con él, pidiéndole apoyo a cambio de ser su base en Marruecos. Es un ejemplo de cómo grupos locales pactan con al-Qaeda sobre conflictos locales o muy concretos. El emir les ofreció entrenamiento en sus campos y tres mil dólares para sus siguientes pasos.

A finales de 2000, con el ingreso de Jamal en la cárcel, su familia contrató a un abogado de Tetuán, Murad Elkharraz, quien les dijo que Jamal tenía muchas posibilidades de salir impune del caso y en el plazo de un año aproximadamente.

En la cárcel Jamal gozaba de un trato privilegiado, según sus cartas y conversaciones por teléfono con Raquel. Vivía en la parte vieja de la cárcel, con habitaciones pequeñas alrededor de una especie de salón compartido, con sofás, un ordenador y estanterías con libros. Tenía un móvil y salía de la cárcel escoltado por guardias para comprar el pan. «Si él no tenía el teléfono encima, cuando salía a la calle siempre tenía teléfono algún amigo. Vivía muy bien», dijo Raquel.

Jamal llevaba menos de un año en la cárcel cuando el 11-S cambió de golpe el panorama internacional e impactó de lleno en la doble personalidad del rey, como político y como líder religioso. Mohamed VI renovó la alianza con Estados Unidos, que aplicando la lógica del «conmigo o contra mí», obligó a posicionarse a muchos países, que vivieron internamente esa misma dialéctica. Aliarse con Estados Unidos significa, sobre todo en el silogismo de los islamistas más radicales, que los aliados de mi aliado son mis aliados. Y eso, en esas circunstancias, significaba Israel.

En Marruecos, los atentados fueron criticados por los islamistas, incluidos Justicia y Caridad y el PJD. Sin embargo, unos los vincularon al conflicto palestino y los otros, a la política exterior estadounidense en general. «Estamos contra la violencia venga de donde venga —dijo Yasin—, pero hay que reflexionar sobre sus causas.» En aquellos días, sugerir matices era casi un «contra mí».

En ese contexto el 11-S provocó una confrontación directa entre un amplio abanico de islamistas y la monarquía. Ministros, jefes de distintas confesiones y líderes políticos (incluido el PJD) fueron citados por el gobierno el 16 de septiembre para escuchar la lectura de un comunicado de condena, en el que se denostaban las interpretaciones extremistas del islam. El acto se celebró en la catedral de Rabat.

Dos días después, una fetua firmada por dieciséis ulemas censuraba la condena oficial de dos días antes. Denunciaban la permanencia estadounidense en el Golfo desde 1991. Sólo dos de los firmantes eran del consejo superior de ulemas, mientras que el resto eran predicadores de recintos no oficiales, ya fueran mezquitas o bien casas particulares, que denotaban cómo estaba creciendo el músculo islamista.

Uno de los inspiradores de la fetua era Driss al-Kettani, un hombre de gran peso moral y religioso, miembro de un clan tradicionalmente opuesto a la monarquía. Firmaba el texto también Hasan al-Kettani, su sobrino; formado en el golfo Pérsico y más joven e inquieto, basaba su salafismo en un sentimiento xenófobo y solía insistir en una yihad bélica. Fue detenido a comienzos de 2003, acusado de ser miembro del grupo Salafia Yihadia.

En un mensaje grabado en febrero de 2002, Bin Laden citó a Marruecos entre los países musulmanes que estaban listos para «liberarse» de la apostasía, y en mayo de 2002 se desarticuló una presunta célula durmiente de al-Qaeda en Marruecos que parecía dispuesta para atentar contra buques de la OTAN en el estrecho de Gibraltar.

El mismo año Mohamed Abdelwahab al-Rafiki, alias Abu Hafs, un joven predicador de Fez, veterano de la guerra en Afganistán, fue encarcelado por una prédica durísima contra el Gran Satán, contra los informadores y espías de las mezquitas y contra los países árabes por su postura respecto a Palestina. Para Abu Hafs, lo lícito y lo ilícito habían invertido sus posturas. En un lema que se repetiría luego, deploraba que el piadoso amor a la muerte hubiera sido sustituido por el amor a la vida.

El abogado de Jamal, Elkharraz, detectó una progresiva transformación en el atuendo de su cliente. Dejó de vestir pantalones tejanos y collares dorados, y comenzó a acudir a las visitas del letrado con una sencilla túnica blanca de estilo afgano y pantalones a conjunto, y con un Corán en la mano. Sazonaba sus frases diciendo «Alá». Progresivamente le fue contando a su defensor que ayunaba los lunes y los jueves, que se sentía un hombre nuevo y que incluso había dirigido el rezo en la prisión. Comenzó a hablar de Palestina y del maltrato que los judíos dispensan a los árabes. Más de dos años después de la entrada de Jamal en la cárcel, en marzo de 2003, Estados Unidos y sus aliados, incluido España, invadieron Irak en una guerra preventiva contra Saddam Hussein.

Raquel notó el efecto en Jamal: «Se ponía muy pesado con la guerra de Irak. Que se iba a ir a Irak, que tenía que ayudar al pueblo iraquí, que no era justo cómo se estaban muriendo los niños, que los americanos habían sido unos salvajes y que era lo peor que podía haber hecho España». Decía que el pueblo español debería levantarse contra el gobierno.

Raquel pasaba horas en las multitudinarias manifestaciones contra una guerra muy impopular en España. Amenazaba con colgar el teléfono cuando Jamal seguía con el tema, furioso.

Un día de abril de 2003, en el patio, se acercó a un miembro de Justicia y Caridad, Alí Hidawi, que había ingresado en la cárcel ese mismo mes. Jamal le preguntó el porqué de su encarcelamiento y por cuestiones religiosas. Trabaron una cierta amistad y se vieron alguna vez en la celda de Jamal, donde le interrogó precisamente sobre Salafia Yihadia y sobre los detenidos Hasan al-Kettani y Abu Hafs.

Hidawi creyó que Jamal no tenía unos principios muy definidos y por ello intentó inculcarle los de su partido. Le sugirió que, cuando saliera, contactara con Aisa Acherki, representante de JC en Tetuán. Pero Jamal consideraba que JC era demasiado «pasivo». Ante aquellas respuestas, Hidawi pensó que Jamal tenía un perfil de islamista violento con un discurso comprometido con el movimiento Salafia Yihadia, afín al imán extremista Fizazi, según el informe policial que, en el sumario, recogía las impresiones de Hidawi acerca de su contacto con Jamal.

Su impaciencia con las demoras, y la sensación de ser víctima del corrupto sistema judicial, se mezclaban con sus nuevas inquietudes políticas.

«El último año y medio estaba muy nervioso —recordó Raquel—. Todos los meses pasaba por el juzgado y cada vez le decían que no tenía la libertad. La penúltima vez se enfadó. Me llamó: "Cari, que ya estoy haciendo las maletas". Pero [el juez] no firmó la libertad, y ya tenía las maletas hechas. Y me llamó a las tres y pico de la madrugada, llorando.» Dijo que le habían engañado otra vez. La siguiente vez que fue a ver al juez, «se cabreó» y dijo que ya había cumplido el tiempo suficiente para evitar un escándalo.

Jamal fue puesto en libertad en junio de 2003, un mes después del atentado de Casablanca —atribuido al GICM y a otro grupo del islamismo violento, El Recto Camino—, con 43 muertos. Salió de la cárcel cuando la policía marroquí detenía a cientos de sospechosos, para llegar a un total de unos dos mil un año más tarde, en un proceso criticado por organizaciones de derechos humanos por ser indiscriminado.

Es una incógnita si Jamal fue capaz de contactar con grupos violentos. El hecho de que tuviera teléfono móvil y ordenador en la cárcel, y ganas de contactar con grupos de esa índole, abre por lo menos la posibilidad de que lo consiguiera. El testimonio de un amigo de Jamal en el sumario del 11-M, un marroquí que traficaba con él desde sus primeros años en España, explica que Jamal tenía la celda decorada con fotos de Osama Bin Laden, que se había vuelto loco y que ni siquiera saludaba a quien no rezaba en la cárcel. Según este testimonio, hablaba horas y horas con gente «de un nuevo grupo» islamista, según le había contado él mismo al regresar a España. En la investigación policial del 11-M no había constancia de un contacto concreto entre Jamal y el GICM o Salafia Yihadia, por ejemplo.

Tampoco sabemos a quién pagó para conseguir la libertad. Su plan era claramente sobornar a quien hiciera falta.

Por lo menos parece que el dinero gastado, aunque menos que los noventa mil euros de que habló en el juicio su hermano Mustafá, era mucho más de lo necesario para pagar los honorarios de un abogado.

9

El líder

2001-2003

Ver en directo la destrucción de las Torres Gemelas fue una experiencia tan impactante para el mundo entero que sus múltiples consecuencias tardarán años en desarrollarse. Si fue una experiencia horrorosa y desconcertante para muchos telespectadores, y completamente traumática para los testigos directos en Nueva York, fue también visto con cierta satisfacción por otros, los enemigos más acérrimos de Estados Unidos, y hasta con júbilo por los que se sentían víctimas de su política exterior. Osama Bin Laden ya se había convertido en un líder carismático cada vez más obsesionado con los medios de comunicación (una obsesión que le había causado conflictos con otros líderes tan o más comprometidos con la causa islamista, como su antiguo socio en la guerra de Afganistán, Abdullah Azzam, o el líder talibán, el mulá Omar). Desde el punto de vista mediático, su gran obra fue diseñada a la perfección para difundir su mensaje, su propósito de llevar su versión de la yihad a Occidente, al que tachaba de moralmente corrupto al tiempo que desnudaba su vulnerabilidad en una guerra asimétrica de «mártires» extremistas. Su impacto dio un empuje enorme al nuevo modus operandi de al-Qaeda, consistente en señalar, excitar e influir en lugar de dirigir. Parte del efecto que tuvo el 11-S se debió a su aplastante modernidad. El terrorismo siempre busca notoriedad; forma parte esencial de su razón de ser. Pero en términos de envergadura, simbolismo, cobertura e inmediatez, el 11-S rebasó todos los límites conocidos. Que Bin Laden calculaba y esperaba con ansiedad la reacción de los musulmanes en todo el mundo, especialmente de los jóvenes y en particular en Europa, se comprobó explícitamente meses más tarde, cuando se descubrió un vídeo en Afganistán en el que se mostraba la visita de cortesía del «emir» Bin Laden y su séquito a un jeque no identificado, a mediados de noviembre, probablemente en Kandahar.

«Estos jóvenes [los terroristas del 11-S] pronunciaron con hechos en Nueva York y Washington discursos que ensombrecen todos los demás discursos pronunciados en todo el mundo —comenta Bin Laden, satisfecho, presumiendo de su visión estratégica—. En Holanda, en uno de los centros [islámicos], el número de personas que se convirtieron el islam en los días siguientes fue el doble que todos los que lo habían hecho en los últimos once años.»

Entre los jóvenes y no tan jóvenes de Madrid que durante el verano habían observado o participado en el debate político-religioso sobre los deberes de los musulmanes y su relación con los kufar, se puede imaginar el impacto. Muchos decían, en privado, que Estados Unidos «se lo tenía merecido», según uno de los presentes en el debate del río. En la mezquita, la gran mayoría estaban horrorizados con una matanza de civiles inocentes, civiles «como nosotros», según dijo otro. Abdulá Durra recuerda los comentarios después del 11-S. Los que estaban a favor lo justificaban como una revancha contra Estados Unidos, que les había hecho «tanto daño». Otros, como Abdulá, explicaban que matar a inocentes iba en contra de la ética del islam. «Ellos odian a Estados Unidos por toda la injusticia que hacen, y dicen que hay que hacer algo, aunque sea matar a sus civiles. Si piensas con la razón y estudias el islam ves que no es verdad», argumentó.

En aquel momento, Sarhane ya se había decantado claramente por convertirse en seguidor de Azizi y transmitía discretamente su satisfacción por lo ocurrido. Aunque no lo decían públicamente, Mohamed lo notó. «Ellos se identifican, están contentos con esas cosas, no están en contra —explicó Mohamed—. Todo el mundo critica este ataque, ellos no. Eso significa que ellos lo aprueban de una manera u otra.»

Entre los efectos personales que la policía encontró en el piso de Sarhane años más tarde hay unos cuadernos escolares, en los que con su letra elegante y precisa traducía extractos del Corán al castellano. Entre las páginas de notas también se encuentran unas listas, borradores de planes y proyectos. Uno de ellos perfila la propuesta, grandiosa y a la vez terriblemente ingenua para un hombre con más de treinta años, de difundir la cultura musulmana —se entiende que sería la versión rígida y literal imaginada por Sarhane— por la televisión internacional. No hay fecha en el cuaderno, pero es probablemente anterior al 11-S. Cabe imaginar la admiración que Sarhane sentiría hacia Bin Laden después de aquel día debido a la coincidencia de mentalidad: pese a sus niveles y capacidades diferentes, tenían deseos parecidos de llamar la atención de todo el mundo sobre la verdad islámica, una verdad para ellos evidente.

Pero tampoco era evidente para sus amigos que Sarhane quisiera pasar a la acción, llegar a «hacer algo por el islam». Al principio, en el otoño de 2001, seguía visitando la mezquita de la M-30. En algún momento dejó el fútbol de los domingos. Unos vecinos, españoles, acostumbrados a ver a los árabes jugando, se unieron a la pachanga por las mañanas. A Sarhane no le gustó. Antes tan suave con los jugadores contrarios, cuando eran árabes, ahora jugaba agresivamente contra ellos si eran españoles. Les hacía muchas faltas. Era brusco y malhumorado. Quería ganar. «Y llegó un momento que no quiso jugar con ellos, [porque] eran kufares, e intentaba que nosotros no jugásemos con ellos», recordó Muad.

Al mismo tiempo, en esa época, Sarhane, con treinta y tres años y sin haber tenido ninguna relación conocida con una mujer, deseaba casarse. Quería una mujer piadosa y sumisa. Hacía años que contaba a sus ex compañeros de estudios cómo intercambiaba correos electrónicos con mujeres en el extranjero, en Arabia Saudí o los Emiratos Árabes. Encontrar a una mujer conservadora entre las inmigrantes en España, en edad de casarse, que viera a Sarhane, con su tesis inacabada y sus trabajos precarios, con buenos ojos, parecía imposible. En 2001 pidió a Mohamed que le ayudara.

«Buscaba casarse con una musulmana de hiyab, una mujer que aplique el islam en el vestido, en la oración, en todo», rememoró.

Preguntó a su piadoso amigo Mohamed si conocía a alguien. Con la ayuda de su mujer, Mohamed propuso a una conocida como una posible candidata. Pero a Sarhane no le interesó, sin dar razones, y Mohamed no insistió más. «Le dije: "¿Por qué no buscas a una en Túnez?"», recordó Mohamed.

Lo más natural hubiera sido buscar una mujer con la ayuda de su madre y de sus dos hermanas. Su respuesta fue también una señal de su desarraigo emocional. Se rió y respondió a Mohamed: «¿En Túnez dónde vas a encontrar a una con hiyab?». También era señal de dónde se situaba respecto a otros musulmanes. Una de las señas de identidad del régimen tunecino, desde la fundación del Estado independiente por el presidente socialista Habib Burguiba en 1956, es la igualdad de la mujer. Es el único país del mundo árabe donde la poligamia está prohibida por ley. Las mujeres tunecinas de clase media se consideran entre las más liberadas del mundo musulmán, y el Estado, que en otros aspectos es férreamente autoritario, protege sus derechos. Para ellas el islamismo es una amenaza. Para otras mujeres tunecinas, de familias más conservadoras y en general más pobres, la liberación de la mujer se asocia con una oligarquía represora. Como en Turquía, el velo se ha convertido en una prenda política. En Túnez, llevarlo puede ser incluso una forma de rebeldía en algunas situaciones.

Lo que probablemente quería decir Sarhane con su reacción a la pregunta de Mohamed es que en la clase media, de donde provenía en Túnez, ninguna mujer sería suficientemente sumisa y piadosa para su gusto. Mohamed recordó «una sonrisa extraña» en Sarhane cuando le contestó. Ya había notado que su amigo no miraba a las mujeres, como otros hombres, y estaba completamente seguro de que no tenía «relaciones extramatrimoniales», prohibidas entre musulmanes practicantes como ellos.

En el entorno de Sarhane, cada vez más introvertido, las ideas sobre las mujeres estaban muy marcadas. Abdulá Durra, con su conocimiento del Corán, discutía con ellos acerca de estas cuestiones. «La idea que tenían era que la mujer tiene que seguir al marido cien por cien», dijo. También creían que lo ideal para ser un buen musulmán era casarse con cuatro mujeres. Abdulá intentaba explicar que era una interpretación errónea, que el islam dice que lo ideal es tener sólo una esposa, aunque en circunstancias excepcionales está permitido tener más. El otro punto de discusión era cómo tenían que vestir las mujeres. Sarhane y otros pensaban que debían ir «tapadas del todo, incluida la cara».

Abdulá argumentó que no hay ningún hadiz o aleya, ningún dicho de Mahoma ni versículo del Corán, que obligue a la mujer a taparse la cara. Citó, en cambio, un hadiz que dice explícitamente que la mujer puede enseñar la cara y las manos. Ello demuestra el grado de aislamiento y de rabioso rechazo hacia su país de acogida que este grupo sentía, si se imagina el Madrid que les rodeaba, a principios del siglo XXI, donde la mujer es libre de vestirse como le da la gana y la publicidad omnipresente utiliza el sexo y la provocación para captar la atención de forma rutinaria y banal.

En el otoño de 2001, otro acontecimiento condicionaría el ascenso de Sarhane entre los extremistas. Bajo la instrucción del juez Baltasar Garzón, la policía española cambió de golpe su política respecto a los yihadistas. Antes se optaba por vigilarlos pero no intervenir si no atentaban en España. El 13 de noviembre, a los dos meses del 11-S, el juez Baltasar Garzón ordenó una redada, bajo el nombre de Operación Dátil, en la que hubo once detenidos. Hasta ese momento, las detenciones de islamistas en España habían sido esporádicas. Antes del verano había habido una detención y, a finales de septiembre, seis más. El 11-S aceleró la vigilancia de los extremistas y cambió la concepción sobre ellos.

El principal detenido fue Imad Eddin Barakat, alias Abu Dadah, el colaborador de Setmarian e impulsor de Azizi en el debate del río. En la Operación Dátil se le responsabilizó, además, de ser «el representante» de Bin Laden en España y de haberle visitado por lo menos una vez en Afganistán.

Más específicamente, y en relación con lo que acababa de pasar en Estados Unidos, se le acusó de organizar la cumbre que en julio de 2001 habían mantenido en Tarragona Mohamed Atta, el líder del comando del 11-S, y Ramzi Binalshibh, el coordinador del ataque, que no pudo ejecutarlo al no obtener a última hora el visado. Una vez identificado Atta, las investigaciones estadounidenses rápidamente pusieron al descubierto que voló de Florida a Madrid, adonde llegó el 9 de julio de 2001, alquiló un coche y se desplazó a Salou, en Tarragona; el mismo día llegó Binalshibh a Reus, muy cerca. Atta se alojó en Salou hasta el 16 de julio, siete semanas antes del atentado. El coche que alquiló Atta recorrió mil novecientos kilómetros en España. Aproximadamente mil correspondían a la ida y vuelta Madrid-Salou-Madrid. No se sabe en qué consumió el resto. Este encuentro sirvió, según Garzón, para determinar la fecha exacta del atentado del 11-S.

Gracias a las escuchas de la policía española —anteriores a los atentados— se supo que Abu Dadah había recibido llamadas desde Londres de un tal Shakur, que le había informado de que habían entrado «en el campo de la aviación» y que «incluso» habían «degollado al pájaro». Como su teléfono estaba «caliente», le había dicho que «el objetivo es el objetivo», sin querer «entrar en más detalles». La policía vio que se trataba de lenguaje encriptado sin saber a qué se referían. El sirio tenía otras llamadas que hacían pensar en una vinculación con el 11-S: hablaba a menudo con Abu Abdulrahman, que, sin estar plenamente identificado, se supone que fue uno de los diecinueve pilotos suicidas, y con un tal «Mohamed de Tarragona»; en mayo de 2001 le había pedido a Abu Dadah si podía «conseguir cosas» porque «los hermanos tienen prisa»; este «Mohamed de Tarragona» era para la policía Mohamed Belfatmi, quien ocho días antes del 11-S había abandonado España en dirección a Afganistán con uno de los diecinueve de la célula. Estas investigaciones revelaron la amistad y las visitas de Abu Dadah a Abu Qutada en Londres, sus relaciones con Setmarian —cuyo peso en al-Qaeda empezó a destacar en las investigaciones estadounidenses— y sus negocios con musulmanes residentes en Europa a los que, tras el 11-S, se les habían bloqueado las cuentas bancarias. Hubo operaciones preventivas en ese sentido, con el objetivo de anular la infraestructura económica de Bin Laden.

Las acusaciones contra Abu Dadah se basaban en un cúmulo inmenso de pequeños indicios, ninguno de los cuales era por sí solo un delito de terrorismo. La fiscalía pidió más de sesenta mil años de cárcel para él (además de ser un cabecilla terrorista le acusó de cada una de las muertes ocurridas en Estados Unidos), pero la Audiencia Nacional le condenó a veintisiete años y el Tribunal Supremo redujo aún más la pena, a doce. Como en casos posteriores, las certezas policiales de que un sujeto o un grupo pensaba, o desearía, preparar un atentado, eran difíciles de convertir en una certeza penal. La línea entre alguien que simpatiza con ideas extremistas o yihadistas y alguien que actúa, de forma indirecta, es muy difícil de trazar, pero esencial para no cometer una injusticia. Al mismo tiempo, Abu Dadah y otros extremistas al servicio de al-Qaeda sabían explotar esta exigencia jurídica.

Garzón procesó en este caso a treinta y cinco personas. Incluyó a varios en busca y captura, como al mismo Osama Bin Laden, al sirio-español Mustafá Setmarian y al predicador Amer Azizi. La policía española tuvo a Azizi bajo vigilancia hasta el 18 de octubre; ese día lo siguió hasta la puerta de una agencia de viajes del centro de Madrid. Cuando luego interrogó al dueño de la agencia, descubrió que el día 11 de noviembre había entregado a Azizi un billete para Teherán, su ruta habitual hacia Afganistán. Según testimonios incluidos en el sumario de la Operación Dátil, Azizi volvió a España unos diez días más tarde, entró sin ser detectado —a pesar de estar en busca y captura—, pasó un mes escondido y volvió a salir del país después del 19 de diciembre, esta vez disfrazado, con el pasaporte de la mujer de un sirio.

Este sirio, Muhannad Almallah Dabas, se quedó por el momento entre los que no habían pasado de las ideas a la acción, según la policía. Tenía alquilado un local que se convertiría luego, en el juicio del 11-M, en uno de los escenarios principales para averiguar el grado de culpabilidad de varios de sus inquilinos y la relación entre éstos y Sarhane. Dabas alquilaba habitaciones en la primera planta, encima del local, en la calle Virgen del Coro, que está muy cerca de la mezquita de la M-30. Su hermano Mutaz y él tenían un negocio de reparación de electrodomésticos. Como Sarhane hacía con su piso, alquilaban habitaciones a otros musulmanes recién llegados.

Muhannad Almallah es un hombre fornido, de tez blanca al igual que muchos sirios y seguro de sí mismo. Tenía un historial de conflictividad en la mezquita, donde llegó a colgarse un cartel que le prohibía la entrada por haber abofeteado a una mujer. El imán tuvo que intervenir varias veces para solventar sus problemas en sus relaciones con mujeres. Se casó y se separó varias veces. Una ex mujer suya sería un testigo protegido importante en el juicio del 11-M.

Al contrario que Muhannad, Mutaz Almallah era un electricista que trabajaba bien; algunos clientes se habían quejado de Muhannad. Pero en 2001 se instaló en Londres para trabajar con Abu Qutada, como había hecho Setmarian.

Con Azizi fugado y Abu Dadah encarcelado, Sarhane se quedó por primera vez sin líderes. Una última amistad, con otro yihadista, sería especialmente importante para comprometerle más con la causa. Azizi le había presentado en la mezquita principal a un amigo, un marroquí llamado Mustafá Maimuni. Pocos meses antes de la fuga de Azizi en 2001, Sarhane asistió al bautizo del hijo de Maimuni, Osama, nacido en mayo. En esta fiesta, que fue vigilada por la policía, Sarhane ya tenía suficiente amistad con Maimuni para pedirle la mano de su hermana, Hanane, nacida en 1987 y que en esa fecha tenía, por tanto, catorce años. No fue un noviazgo normal, sino que en el año y medio siguiente, antes de casarse, lo que ocurrió fundamentalmente fue que la amistad entre Sarhane y Maimuni se fue estrechando y también sus labores yihadistas. Tres años más joven que Sarhane, Maimuni llevaba en España desde 1995, aunque iba y venía de Marruecos con frecuencia.

Desde principios de 2002, el centro social de la vida de Sarhane se trasladó a lo que la policía llama «mezquitas ambulantes». Especialmente, a la de Virgen del Coro.

El grupo que se reunía en este local ya no encajaba en la M-30, tan cercana. Entre ellos las críticas al jeque Moneir eran constantes. Sarhane se había distanciado de sus antiguos amigos. «En la tienda de Muhannad se solían reunir a tomar té —recuerda Muad—. Yo fui una vez, estaban Sarhane, Basel, Mutaz, Muhannad. Unos días durmió allí Sarhane cuando dejó su casa a una mujer que venía a ver a su marido [en la cárcel]. Vivió allí un tiempo.» La mujer era la esposa finlandesa de Ahmed Brahim, detenido en Barcelona como sospechoso de crear para al-Qaeda un proyecto de difusión de fetuas por internet.

El tal «Basel» era Basel Ghalyun, un joven inquilino sirio, muy amigo de Sarhane, que en el juicio del 11-M sería acusado de ser «autor material», luego de pertenecer a una organización terrorista y al final absuelto de todos los cargos; un caso en el que los jueces debieron marcar la fina línea entre el simpatizante ideológico y el criminal culpable.

¿Cómo se ganaba la vida Sarhane sin beca ni sueldo de la mezquita, y sacando nada o poco por el alquiler de su piso, ahora que lo prestaba a amigos de la causa y se había distanciado de todos los que no eran extremistas? Intentaba hacer operaciones de compra-venta de ropa, esporádicas, con Túnez, y seguía con sus trapicheos en Lavapiés con teléfonos y ordenadores robados. Pero, a pesar de su precariedad, su estatus entre sus nuevos amigos estaba en pleno ascenso.

Testigo del proceso fue un sirio de mediana edad que había llegado a Madrid poco antes y que se alojó seis meses en Virgen del Coro. Este hombre acabó allí porque la habitación era una opción accesible para un inmigrante árabe en una ciudad donde encontrar alojamiento sin contactos no es fácil, y menos aún barato. Entre él y un familiar suyo pagaban 335 euros al mes por compartir el piso de tres habitaciones, baño y cocina de la primera planta con Ghalyun. Sabía que quienes frecuentaban el local eran musulmanes practicantes, pero no que tenían creencias extremistas. Irónicamente, les dio cierta seguridad. Este hombre había vivido en una zona castigada por el tráfico de drogas antes de mudarse a Virgen del Coro, un ambiente en el extremo opuesto del del islam practicante. Nosotros contactamos con él en 2007, a partir de los datos del sumario, y después de varias conversaciones accedió a explicarnos la experiencia de convivir con Ghalyun, Almallah y otros en el local. No le gustó su estancia allí y se mudó en cuanto pudo, seis meses más tarde, en noviembre de 2002. «La casa la frecuentaba bastante gente que entraba y salía —explicó el sirio—. El ambiente en la casa era bastante extremista. Estaban como enjaulados, y al mismo tiempo se protegían de que nadie supiese lo que hablaban, lo que comentaban.»

Muhannad pasaba mucho tiempo en la tienda. En el piso de arriba se encerraban hasta diez personas en la habitación de Ghalyun para largas sesiones de conversaciones o rezos. Incluso pasaban toda la noche allí, y dormían en el suelo. El sirio no sabía qué hacían, pero notaba su extremismo en su forma de hablar de «sus temas», a solas entre ellos, y la ausencia total de conversaciones cotidianas, sobre la compra u otros detalles de la vida en Madrid. Mostraban «bastante cariño» entre ellos, pero el tono de sus comentarios era siempre serio. Nunca les oyó hacer bromas. No recuerda haberles visto con españoles. «Parecía que no querían nada a los españoles», dijo.

Sarhane era un visitante frecuente. Recibía un trato especial de la gente que pasaba por allí. Tenía muy buena relación con los habitantes de la casa, pasaba a verles una vez a la semana o cada diez días, y cuando llegaba se encerraban todos en la habitación de Ghalyun. «Apreciaban bastante su opinión. Todo el respeto era hacia Sarhane», explicó.

A diferencia de los otros, que excluían de forma tajante al sirio no religioso de sus discusiones, Sarhane parecía más dialogante, aunque sus ideas eran igualmente estrictas. Era, como en su época universitaria, una persona muy tranquila, de pocas palabras y muy educada.

Una vez, el sirio comentó que iba a pedir un préstamo al banco: quería montar su propio negocio (algo que luego consiguió hacer) y dejar su primer trabajo, agotador y mal pagado, como vigilante nocturno de obras.

Sarhane le explicó que lo que se proponía hacer era haram, porque estaba prohibido pagar intereses a un banco, incluso para montar un negocio. Cuando el sirio comentó que quería traer sus hijos a España, Sarhane le dijo que les iba a «estropear su educación». Para no discutir, el sirio se callaba, esperando con creciente urgencia cambiar de alojamiento.

En esa época, Sarhane frecuentaba más la mezquita de Estrecho, la segunda más grande de Madrid, fundada por sirios, que la de la M-30.

El sirio se acordó de los comentarios despectivos sobre el jeque Moneir. Específicamente, recuerda la ocasión en que Moneir animó a los musulmanes a colaborar en la campaña para limpiar las costas de Galicia del chapapote del petrolero *Prestige*, hundido en noviembre de 2002. Las imágenes del daño ecológico de las playas ennegrecidas y las fuertes críticas hacia la gestión de la crisis del gobierno español provocaron que miles de voluntarios de toda España fueran a Galicia a ayudar en un enorme trabajo colectivo de limpieza. El sirio oyó a Sarhane y a los otros criticando a Moneir porque defendía la convivencia con los españoles. «Según esta gente de la casa, los españoles eran infieles y no había que ayudarles en nada», dijo.

Tras la primera gran redada de 2001, la Unidad Central de Información Exterior de la Policía Nacional mantuvo un control bastante exhaustivo sobre lo que habían etiquetado como «mezquitas ambulantes», las reuniones de musulmanes con vínculos con el yihadismo en casas o pisos particulares, que era ya el mundo de Sarhane y de su futuro cuñado, Mustafá Maimuni. Según nuestra fuente policial, Maimuni tenía el cometido concreto, dirigido desde el exterior (que no fue descubierto por la policía hasta 2005), de formar «células» en Marruecos y Madrid. Según esa tesis, representantes del Grupo Islámico Combatiente Marroquí se reunieron con otros líderes de grupos del norte de África y con miembros de al-Qaeda para decidir estrategias encaminadas a proseguir con la yihad.

«Todo viene provocado por los ataques norteamericanos después de los atentados del 11-S —explicó—. Esto provoca lógicamente que todos los líderes o que todos los miembros de determinadas facciones o grupos que están en Afganistán salgan huyendo.» Cuando la mayoría de ellos coinciden en Estambul, en febrero de 2002, se produce «una conversión ideológica» relevante para entender el atentado del 11-M. El ideal original del yihadismo de ir a lugares en conflicto para defender la causa del islam se transforma en la idea de que se debe hacer la yihad donde residan los muyahidines dispuestos a hacerlo. Ello sintoniza con el espíritu de las clases de Setmarian y desemboca, según la policía española, en la aparición de los movimientos como Salafia Yihadia en el norte de Marruecos. Conduce a la creación de células operativas, y no solo logísticas, en España.

Según esa tesis uno de los vínculos en la cadena entre al-Qaeda y el grupo de Virgen del Coro es Maimuni, «Durante el año 2002 es cuando se produce la radicalización definitiva [de Sarhane] y cuando Maimuni recibe las instrucciones para constituir las dos células, la de Marruecos y la de Madrid, y con instrucciones directas. Sarhane está muy directamente implicado por su relación familiar directa con Maimuni.»

En el juicio del 11-M la fiscalía sostuvo que la dirección del atentado fue obra del GICM, a través de sus contactos en Europa, pero no logró establecer en la sentencia un vínculo directo con al-Qaeda. Otros expertos son escépticos sobre la idea de unas «instrucciones directas» en una fase de «yihad sin líderes», posteriores al 11-S, cuando un atentado puede ser una iniciativa local, siguiendo el espíritu de al-Qaeda.

De todos modos, Sarhane y Maimuni estrecharon su relación a lo largo de 2002. Según el testimonio de un testigo protegido, mantuvieron contacto con su amigo Azizi, en paradero desconocido, a través de internet. Un incidente refleja cómo Sarhane se sentía cerca incluso de la detención, más de un año antes del atentado de Madrid: Maimuni, su mujer, Sarhane y la mujer de Muhannad Almallah (el testigo protegido) estaban un día en el piso de este último, cuando sospecharon que se acercaba la policía. Sarhane y Maimuni se marcharon de golpe y dejaron a las mujeres solas durante tres días.

¿Cómo puede un hombre bajo vigilancia, incluso fotografiado como parte de una investigación en 2002, ser luego el líder del mayor atentado terrorista en Europa tan poco tiempo después?

En parte, según la policía, porque las escuchas telefónicas a las cuales fueron sometidos no revelaron nada que hiciera saltar la alarma. Sus creencias extremistas y sus conexiones con Abu Dadah, ya detenido, eran archiconocidas. Las escuchas eran para detectar planes concretos, operativos: indicios de que querían pasar de las ideas a la acción. Pero no había nada de eso.

«Las escuchas en este contexto desde hace mucho tiempo prácticamente no dan absolutamente nada, lo único que te pueden indicar es la ubicación de esa persona en un momento determinado», dijo nuestra fuente. Obviamente Sarhane y los otros, conscientes de la vigilancia, evitaban hablar de sus planes por sus teléfonos móviles, que además cambiaban continuamente.

El otro factor, confesó el policía, era la descoordinación entre diferentes departamentos del propio cuerpo. Sarhane y los hermanos Almallah Dabas fueron objeto de «distintas intervenciones» por «distintos grupos policiales» sin conexión entre ellos. «Yo recuerdo que cuando nosotros directamente quisimos ir a intervenir a Sarhane, en ese momento ya estaba intervenido», dijo el jefe de la investigación.

El diagnóstico policial de ese grupo, en el que Sarhane era una figura cada vez más destacada y respetada, era que por muy extremista que fuera no tenía la capacidad operativa para atentar. «Había reuniones en un sitio, en otro, había gente que estaba en un grupo, pero nada determinaba que todo eso estuviera conectado y lo que se estaba preparando, lo que se estaba fraguando.»

El tono de las reuniones en Virgen del Coro se puede imaginar por los antecedentes en el río, el ambiente de la casa y, especialmente, por el contenido del disco duro del portátil de Sarhane, hallado tras su muerte en Leganés. Su afán por predicar ideas extremistas mediante vídeos era ya conocido por sus amigos. Afianzaba sus creencias mirando vídeos violentos bajados de internet y distribuía además vídeos de Bin Laden y Abu Qutada. «En su ordenador veía matanzas de Rusia, Chechenia, Afganistán, cosas así. De cómo los chechenos matan a un ruso, de cómo le cortan la cabeza y cómo matan a un musulmán en Bosnia. Hay algunos que no tiene cualquiera, tienes que pasar siete u ocho horas buscándolos en internet. Mucha gente los ve —dijo Benkhalafa—. Siempre decía que tenemos que hacer algo por el islam, pero no especificaba. No era violento. Yo entendía irnos a Palestina, dar dinero o algo así.»

Entre los contenidos bajados de internet en el disco duro destaca un documento que explica las bases de la secta Takfir Wal Hijra.

Ese documento contiene una fetua que justifica la ideología de Takfir Wal Hijra, que podría traducirse como «Excomunión y Exilio». Esta secta, fundamental para entender la amenaza terrorista yihadista, tiene su origen remoto en los Hermanos Musulmanes, fundados en 1929 en Egipto; en los años cincuenta y sesenta fueron duramente perseguidos y su ideólogo fundamental, Sayyid Qutb, fue ejecutado. En su obra *Rasgos en el camino* replanteaba las relaciones entre la comunidad islámica y el Estado y aseguraba que la sociedad egipcia y sus gobernantes vivían en una barbarie protoislámica. Por eso, el «verdadero» creyente debía rechazar la sociedad blasfema y emprender la yihad, tanto para su propia superación como para establecer la sociedad islámica. A partir de estas ideas, los Hermanos Musulmanes se convierten en los principales propulsores de la corriente salafista (purista) del islam, y de ellos parten tres ramas: la Yihad Islámica (a la que pertenece Ayman al-Zawahiri, mano derecha de Bin Laden), Gamaa Islamiya y un grupo de partidarios del enfrentamiento directo con el sistema; cuando éstos tomaron cuerpo, se constituyó Takfir Wal Hijra. Sus ideólogos iniciales fueron Ahmad Mustafá Shukri y Abel Salam Farak. Donde más se extendió fue en Egipto, Sudán, Argelia, Marruecos y Líbano. La rama argelina fue la que, en los años noventa, comenzó a perpetrar acciones violentas. La represión del régimen de aquel país provocó a partir de 1992 la dispersión de sus militantes; algunos de ellos viajaron a Bosnia, Afganistán y Pakistán, donde podían poner en práctica su ideario político-religioso.

Los takfir sitúan la nación islámica, la umma, por encima de los estados regionales. Se consideran miembros de una comunidad sin fronteras ni estados, aunque instan a tomar el poder en éstos para aplicar la sharia. Toda ley no islámica debe ser rechazada. Como Mahoma, el buen musulmán debe exiliarse, aunque sea al interior de sí mismo, para rechazar las leyes e instituciones impuestas por los estados, que hay que desobedecer. *Hijra* es la palabra utilizada para la huida de Mahoma a Medina en el 622 a fin de escapar de la persecución. Takfir es el acto de declarar que alguien, previamente musulmán, es un kufar, o infiel. Las leyes no islámicas son la causa de problemas como la falta de vivienda, la corrupción política o el paro, concluyen. Y la yihad es la puerta al paraíso, apostillan.

En el terreno concreto, es decir, en las ciudades europeas poscristianas, los takfir que llegan a constituir células terroristas se

144

articulan en pequeños grupos secretos, con un emir que los dirige y al que se sigue y obedece ciegamente; informes policiales españoles afirman que el emir puede llegar a pegar a sus miembros, como castigo. La estrategia takfir puede resumirse en que «el fin justifica los medios». El asesinato puede ser una herramienta al servicio de sus objetivos, incluido el de niños, mujeres, musulmanes no takfir y población en general; por ello, desde su punto de vista un ataque indiscriminado puede ser justificable. Para ejecutar su ideología pueden ocultar su religión (lo que en otras fes, sectas o incluso en un partido político sería causa de expulsión): pueden mantener relaciones sexuales con mujeres ajenas, beber alcohol, fumar, comer cerdo y practicar delitos comunes; los takfir no consideran contradictorio con el Corán delitos como el robo o incluso el tráfico de drogas para ganar dinero, porque éste —en forma de botín— es lícito en tiempo de guerra. Y ellos consideran que están en guerra.

En el mismo sentido, los takfir toman muchas precauciones para no ser descubiertos. Algunas de ellas (cambiar continuamente de móvil) son lógicas y las aplican no sólo los yihadistas takfir; pero éstos, para evitar dar pistas, ni siquiera reivindican sus atentados. Sólo lo han hecho una vez: fue en Líbano, el 6 de septiembre de 2002, cuando se atribuyeron los daños que una bomba causó en la estatua del padre del entonces presidente de Siria, Hafed el-Assad. Suelen imputar sus actos a grupos ficticios o de denominación parecida para desorientar las investigaciones policiales.

La ideología takfir impregnaba la forma de actuar de Sarhane. Por un lado exigía un comportamiento estricto respecto a la autoexclusión de ambientes kufar (incluidos los ambientes de musulmanes no takfir), así como el deber de volver del «exilio» a la sociedad islámica verdadera. Por otro lado, permitía actos completamente prohibidos por el islam, como robar.

145

Muad recordó que los inquilinos de Sarhane justificaban poder robar en vez de comprar. Una vez, estando de visita en el piso de Sarhane, vio que tenían muchas cosas robadas de supermercados. Uno de los inquilinos marroquíes le explicó a Muad que uno podía robar lo que quisiera, porque era lícito robar a los «kufares». «Sarhane estaba de acuerdo», recuerda.

El estudiante de económicas había encontrado una justificación conveniente para mantenerse cuando no tenía trabajo.

Su radicalización ya era completa. Sólo le faltaban algunos impulsos más para comprometerse con la acción y el liderazgo. El 11 de noviembre de 2002, en la mezquita de Estrecho, se casó con la hermana de su amigo Maimuni. Ella tenía quince años. Al final había encontrado a su mujer sumisa, con hiyab. Al mismo tiempo, el matrimonio le ató aún más a la causa yihadista.

Muy poco después, en marzo de 2003, empezó la guerra de Irak, con la invasión del país por tropas estadounidenses y británicas, con el apoyo logístico y político del gobierno de España. Pocos días después, Maimuni regresó de Madrid a Marruecos, donde el 16 de mayo hubo un atentado. Cuatro acciones coordinadas, con bombas, causaron la muerte a 43 personas, entre ellas 12 terroristas suicidas; 4 de las víctimas eran españolas. Uno de los lugares atacados fue la Casa de España. Maimuni fue uno de los cientos de sospechosos detenidos. Saledin Benyaich, alias Abu Mugen, alias David Charles Burgess, fue otro, acusado de colaboración en el atentado por sus vínculos con el GICM.

Con la detención de Maimuni, Sarhane se encuentra de repente solo, como un líder con responsabilidades.

Se lanza a la acción. Pocas semanas después, por primera vez desde su contratación como contable de la mezquita, buscó un trabajo fijo. Lo encontró en una inmobiliaria, Arconsa, en el barrio de Tetuán, cerca de la mezquita de Estrecho. La oficina estaba por casualidad muy cerca de la casa de Mohamed, que fue testigo de cómo su antiguo compañero de estudios coránicos se convertía en un vendedor de pisos, diligente, motivado y educado con sus clientes españoles. «En el trabajo es muy organizado, siempre lleva un traje negro o azul marino y camisa blanca.» Trabajador, llegaba siempre a las nueve a la oficina, y todos los días tenía una larga lista de citas para enseñar pisos. Comía a destiempo, iba siempre andando deprisa por las calles y llegaba siempre un poco tarde a las citas.

Como Mohamed trabajaba en el mismo sector, Sarhane también le llevó a ver pisos, aunque nunca llegaron a concretar una venta. Mohamed le observaba con los clientes y admiraba su dedicación.

«Hablaba bien, hacía amistad con la gente. Una vez le llevé con mi coche. Saludó a una pareja que le esperaba, fue muy amable. Entramos en el piso... "Este salón mide veinticuatro metros cuadrados, tres habitaciones, con habitación doble, cuartos de baño, cocina amueblada, parquet de marca..." Se lo sabe todo de memoria. Y contesta a todas las preguntas. Tiene paciencia. Este trabajo requiere paciencia, preguntan cosas increíbles.» Cuando no atendía a los clientes, Mohamed veía al mismo Sarhane que conocía de antes. Educado, serio, religioso. Fingía ser despistado para explicar que cambiara tanto de teléfono. «Cambia constantemente de teléfono, porque se olvidaba de ellos en casa y compraba otros, o dice que se ha roto. Era despistado en estas cosas», dijo Mohamed.

Disimuló bien. En el juicio del 11-M, el comisario jefe de la UCIE dijo que ni siquiera tras los atentados de Casablanca fue Sarhane una preocupación prioritaria para ellos. Cuando dejó su trabajo, meses más tarde, le dijo a Mohamed que había ganado ocho mil euros, y éste pensaba que había ganado mucho más en ventas privadas. Por primera vez se dedicaba a ganar dinero lo más rápido posible, y cuanto más, mejor.

Muad le notaba cambiado. «Pocas veces le veías sonriendo, siempre iba con mala cara. Ahí noté que estaba muy radical. Una vez, cuando trabajaba en la tienda de mi padre y Sarhame pasó para vender un piso por esa zona, se quedó mucho tiempo con los clientes convenciéndoles de que compraran el piso. Me saludó y me dijo: "A esos kufares hay que matarles". Cosas así. Y se fue.»

¿Qué hacía Sarhane trabajando tanto, integrándose en el mundo laboral español por primera y única vez, en un sector en que los intereses de los bancos son omnipresentes? Parece claro que quería «hacer algo» por el islam. Es probable que ya tuviera una idea vaga de lo que quería hacer, pero le faltaba sin duda la última conexión para llevarlo a cabo.

10

La conexión

2003

Jamal volvió a Madrid en julio de 2003. Había pasado algo más de dos años y medio desde su detención en Marruecos. En sus conversaciones por teléfono con Raquel en los últimos meses, se había mostrado muy nervioso porque se sentía estafado y, al mismo tiempo, hacía causa común con el sufrimiento de los musulmanes en Irak. Había gastado una cifra indeterminada, decenas de miles de euros en cualquier caso, en su defensa legal. Y es de suponer que en la cárcel gastaba aún más en mantener su estatus.

Pero, como en ocasiones anteriores, como cuando salió de Valdemoro, o como cuando regresó de Francia, volvió tranquilo y con buenas intenciones, incluso optimista. Antes de viajar a Madrid había pasado dos semanas en la playa, en Marruecos, en casa de un familiar, se supone que para disfrutar de la libertad y pensar en el futuro. Las primeras palabras con Raquel fueron conciliadoras y cariñosas. Mientras él estaba en Marruecos, ella había cumplido su pena por tráfico de drogas y en la cárcel había seguido un curso de rehabilitación de su adicción, exitoso al fin, que le había dado el empuje, a sus veintiséis años, de inten-

149

tar vivir sin drogarse. Por primera vez desde que se conocían, ninguno de los dos estaba tomando ni cocaína, ni heroína ni pastillas.

«Cuando volvió le vi fenomenal, le vi muy bien», dijo Raquel. Temía que volviera celoso, agresivo e inquisitorial sobre lo que había hecho durante sus años de cárcel. Pero no le pidió ninguna explicación. «Me dijo que empezábamos de cero, que lo que había en común eran los años y todas las cosas malas que habíamos pasado y que teníamos al niño y empezábamos de nuevo.»

Raquel tardó unos días en volver a vivir con Jamal, en el piso de la calle Villalobos, en el sur de Madrid. Esta vez era ella quien había conseguido dejar de drogarse y necesitaba ver cómo estaba. Era verano. Salían juntos de paseo, cogidos de la mano, por los bares y los parques de Madrid, sin tomar, ninguno de los dos, ni siquiera alcohol. Llevaban a su hijo al parque de atracciones. Ella esperaba sus quejas de novio controlador y celoso sobre sus vestidos de tirantes, pero no llegaron.

«Yo le dije a mi madre: "Mama, ¿qué hago?". Porque yo no estaba decidida al principio a volver con él. Pero pasaron tres días y me dije: "Es que le sigo queriendo".»

Pasaron agosto y septiembre juntos, y se fueron de vacaciones a Málaga con su hijo. Jamal seguía tranquilo. Nadie llamaba al telefonillo de la entrada del edificio preguntando por él, como antes. Explicó a Raquel que había dejado el tráfico de drogas, que tenía dinero y quería invertir en un negocio legal, como una panadería, una pastelería marroquí o un kebab (pero sin alcohol), que pudieran llevar ella y su hermana. Le pidió a Raquel que buscara locales para su nuevo negocio. Decía que esta vez iban a vivir mejor que nunca. «Decía que mira cómo estaba yo, mira cómo estaba el niño, que parecíamos una familia de verdad», dijo Raquel. La madre de Jamal, que había visto mucho a su hijo preferido cuando estaba en la cárcel, cerca de su casa, viajó desde

Marruecos y pasó unos días en el piso con ellos. Jamal también explicó sus planes de cambio de vida a la madre de Raquel.

Al parecer seguía con su comercio de coches, o por lo menos seguía teniendo varios coches caros, como el BMW, con televisor incorporado, o un Golf, también tuneado, que quería vender por 28.000 euros. «Me decía: "Ya no vuelvo a tocar nada", y de hecho miró locales para poner un negocio, y él tenía el dinero para ponerlo. Un negocio tranquilo en el que pudiera trabajar, que él era un buen comerciante, que era a lo que se había dedicado con su padre toda la vida en Marruecos.»

Al principio las señales de tensión eran pocas, y parecían atribuibles a su renovada seriedad moralista. No era la primera vez que esta vena había aparecido en él, y de todos modos era preferible a un Jamal agresivo o ausente. Desde su llegada, además de no beber, vestía con ropa de estilo marroquí que la madre de Raquel nunca le había visto ponerse, y que, en su opinión, no le quedaba bien. «Cuando vino de Marruecos noté un cambio grande, hasta en la manera de vestir. Antes vestía con trajes, corbata, americana, y de repente se pone la clásica chilaba corta y el pantalón de algodón ancho con sandalias, chanclas», dijo la madre de Raquel.

Fue un cambio externo que, aunque no le gustó, más que sugerir tendencias terroristas parecía anunciar un nuevo camino, el buen camino del trabajo legal, constante y sin pelotazos, la vía que había predicado su padre. Con la diferencia de que Jamal siempre había expresado su deseo de quedarse en España.

La madre de Raquel bromeó con sus nuevas formas, le dijo que parecía que lo hubieran transformado en un cura. «Sus gestos, un hombre tranquilo, un hombre reflexivo. Yo lo vi bastante cambiado. Nunca había hablado mucho, pero entonces no hablaba nada.»

En realidad, la cuestión de su identidad legal en España no se había solucionado, a pesar de sus años de cárcel y del dinero gastado. Se fue a ver a su abogado en Madrid al poco de llegar, y se enfadó y casi llegó a pegarle cuando le pidió más dinero, según supo luego Raquel. No podía utilizar su nombre, Jamal Ahmidan. Y estaba todavía en busca y captura por fugarse del CIE en el año 2000 con el nombre de Said Tlidni.

Al mismo tiempo, sus relaciones con su hermano mayor Mustafá, que vivía con su mujer en el mismo barrio, eran tensas. Mustafá había montado un bar de barrio que a Jamal, con sus ideas exaltadas —aunque tuviera planes parecidos—, le pareció vergonzoso.

Raquel recordó la bronca que Jamal le echó a Mustafá cuando abrió el bar: «Mírale, vendiendo alcohol aquí a los gitanos, cómo se te ocurre, cierra este local y vamos a buscar otro, y sirves tes, dulces y kebabs, pero alcohol no». Mustafá le contestó que era su negocio y que estaban en España, explicó Raquel.

Jamal discutió con su suegra la educación de su hijo, de ocho años. Quería enviarle a la escuela concertada de la M-30, donde podía aprender árabe y estudiar el islam. A la abuela, que tenía la custodia del niño por los múltiples problemas legales o de drogas que tenían sus padres, no le escandalizó. Había estado en Marruecos con la familia de Jamal varias veces, apreciaba a sus padres y sabía que su nieto debía conocer las dos culturas. Tampoco veía en Jamal ardores extremistas. Pero se negó y Jamal, según ella, lo aceptó sin rechistar.

Seguía con sus arrebatos de solidaridad con el sufrimiento de sus «hermanos» en Irak, y cuando salían noticias de inmigrantes que llegaban a las costas españoles en patera apagaba el televisor.

Octubre fue un mes decisivo. Después de las vacaciones, Jamal empezó a volver con el grupo de siempre, especialmente con Abdelilah El Fadual, su antigua mano derecha, que mientras había estado encarcelado se había quedado con sus contactos y su red y había seguido con sus negocios. Al mismo tiempo, por lealtad a Jamal, había velado por su familia en España. En 2007, en el juicio del 11-M, con su corta estatura —más bajo incluso que Jamal—, su voz aguda y sus largas e irrelevantes respuestas fueron de los pocos momentos de distensión en los cuatro meses de vista oral. Pero parece que El Fadual era un traficante por lo menos competente. Fueron él y Mustafá quienes hicieron llegar la última parte del dinero para pagar los costes legales.

¿A Jamal le faltaba dinero? Seguro. Como años atrás, el proceso se repetía. ¿Veía que sus planes legales eran cada vez más ilusos? Con el sempiterno problema de carecer de papeles en regla, montar un negocio fijo, a la vista, con las gestiones administrativas correspondientes, era poco viable. ¿Tenía ya un proyecto secreto diseñado desde sus tiempos y contactos en la cárcel? Por su carácter visceral, poco dado a planificar poco más que la próxima operación comercial, no parece probable, pero su estancia en la cárcel, más que cambiarle, había acentuado una sensibilidad y unas ideas —para una persona tan poco intelectual— que ya tenía. Jamal era un ex yonqui y buscaba otra vez una salida de una situación amenazante.

A la vuelta, Jamal tuvo que trabajar al principio para su antiguo lugarteniente. Volvió a sus negocios, pero de una forma discreta, al menos de cara a la familia. No había droga en casa. Tampoco le gustaba conducir el BMW, porque decía que llamaba demasiado la atención, aunque a su hijo le encantaba porque tenía televisión a bordo. En casa no mostraba su creciente frustración; sabían que había vuelto con sus amigos de siempre y que pasaba muchos ratos con ellos.

Al finales de septiembre o principios de octubre, Hamid, que había llevado un negocio con Abdelilah, recibió la noticia de que Jamal había vuelto y que iba a recuperar el mando del asunto. Había diferencias sobre las cuentas. Abdelilah le llamó para informarle de que Jamal se ocuparía del tema. «Como que yo me iba a cagar. Ya había llegado el todopoderoso Jamal», recuerda Hamid. Jamal empezó a llamarle para quedar y hablar. Se citaron en un parque cerca de la calle Villalobos. Jamal acudió con un periódico enrollado. Empezaron a discutir por el dinero y Jamal sacó un cuchillo del canuto de papel. Pero Hamid, que conocía a Jamal, había estado atento a aquel detalle y, al ser mucho más grande y fuerte, pudo coger la mano de Jamal y quitarle el cuchillo a tiempo. Se separaron, sin saldar las cuentas. Hamid se fue sabiendo que Jamal siempre se vengaba y habiendo sufrido en carne propia su violencia. Jamal le persiguió con llamadas amenazantes hasta que Hamid cambió de teléfono.

En octubre también ocurrió un incidente, protagonizado por Jamal, en el barrio gitano de Caño Roto, cerca de Oporto. Era la antigua zona de negocios de los marroquíes traficantes. Fue tan elocuente del estado de ánimo de Jamal, y de la imagen que tenía de sí mismo, que lo reconstruimos a partir de unas breves referencias en el sumario, con conversaciones mantenidas con los residentes en el lugar y con algunas entrevistas. Fue casi una batalla campal entre marroquíes y gitanos. El hermano mayor de los Ahmidan, Abdelilah —que había sido el primero en llegar a Madrid—, estaba enganchado a la heroína y, como todos los yonquis, pasaba de una crisis a otra. Abdelilah tenía una novia de etnia gitana, probablemente también adicta, y por motivos poco claros —quizá un asunto de drogas o una cuestión de honor— unos gitanos le dieron una paliza a Abdelilah que empeoró aún más su mal estado físico. Su madre pidió a Jamal, el más responsable de la familia, que le ayudara a salir de aquel trance. La respuesta de Jamal fue contundente. Según Raquel, primero le dio una paliza a su hermano mayor, maldiciendo a la novia gitana y aludiendo al daño que estaba haciendo a la familia. Luego reunió a todos sus antiguos seguidores y se fue, con un grupo de unos diez, al barrio gitano. De la forma que lo describieron varios testigos, pareció tan irreal como una escena de una película de acción. Los marroquíes llegaron a toda velocidad en dos coches. El grupo bajó de los vehículos en pleno barrio, entre los pisos bajos de protección oficial, separados por zonas verdes, con unas pocas y tristes plantas. Hubo disparos. Alguien tenía un arma. Según la declaración de un testigo protegido, Jamal buscaba a un gitano apodado el Nika y, cuando le encontró, lo agarró y le puso una pistola en la cabeza. El Nika tuvo la sangre fría de preguntarle: «¿Me vas a volar los cojones?». La respuesta de Jamal fue aún más peliculera: «Voy a volar todo el puto barrio». Al final no disparó, pero la operación de intimidación siguió un día más, con llamadas amenazadoras a las casas. Entre las dos bandas había muchos conocidos. Residentes del barrio recuerdan haberse quedado en sus casas, aterrorizados por la violencia del enfrentamiento.

Jamal seguiría haciendo de protector del honor de la familia durante unos meses más. Su vuelta al tráfico provocó pronto el interés de la policía, y antes de finales de 2003 la policía de Alcalá de Henares tenía uno de sus móviles pinchado con motivo de una investigación antidroga. La transcripción de una conversación entre Jamal y «un desconocido» no les dio pistas útiles para detenerle, pero es elocuente de quién era Jamal en esos momentos y de qué papel desempeñaba. El desconocido era sin duda su hermano mayor, Abdelilah.

«Que te mueras y nos quedamos tranquilos. Por tu culpa tengo que ir a los bares y tengo que beber alcohol. No eres hombre para nada. Eres la basura de la familia. Esta chica te ha embrujado... La quitaré de en medio y que sepa quién es Jamal el Chino. Ya te enseñaré el crimen que voy a cometer con esta puta.»

En los negocios, el mes de octubre fue un fracaso para Jamal. Ambicioso como siempre, dirigió una operación para introducir mil kilos de hachís desde Marruecos. La lancha fue interceptada por la policía y los tripulantes tuvieron que tirar la mercancía al mar.

«¿Tú no me has dicho que no estás haciendo nada?», le dijo Raquel cuando Jamal se lo contó. No comentaba sus negocios como antes, dijo, para no perjudicarles a ella y al niño. «No estoy haciendo nada —respondió Jamal—, no toco nada, me lo suben y yo no lo veo.»

En aquellos meses utilizaba cuatro o cinco teléfonos a la vez, como antes, y cambiaba de tarjeta a menudo. Por años de experiencia, sabía muy bien cómo despistar a la policía.

Precisamente fue en octubre cuando también apareció por primera vez en los testimonios una nueva relación, con alguien completamente ajeno a su entorno habitual en Madrid. Apareció el ex estudiante de doctorado fracasado y líder espiritual en ciernes Sarhane Ben Abdelmajid.

La madre de Raquel le vio por primera vez una noche, sobre las ocho y media o las nueve. «Hacía calor todavía, me acuerdo de cómo iba vestido, en mangas de camisa, en octubre, no sé la fecha», dijo. En esos momentos, y en comparación con Jamal, Sarhane le pareció muy seguro de sí mismo.

Más que ver a Jamal con su nuevo amigo, la familia notaba su presencia. Jamal pasaba más tiempo con sus colegas de siempre, traficantes y antiguos seguidores —ahora con trabajos precarios, en parte a causa de los años de ausencia del jefe—, y con ese nuevo miembro del grupo, ese hombre alto, blanco, con barba, que trabajaba vendiendo pisos a los kufares a los que detestaba.

¿Cómo se conocieron? El escenario más probable del contacto es Lavapiés. Jamal empezó su vida de traficante allí, y era muy conocido, casi un mito, en el mundo delictivo. Sarhane se había iniciado en sus propios trapicheos, cada vez más necesarios porque no tenía ingresos fijos, hacía seis o siete años. Los dos comerciaban con ropa en el mercado negro. Los dos utilizaban múltiples teléfonos y tarjetas chip, y necesitaban un apoyo técnico, de confianza, que también se encontraba fácilmente en La-

156

vapiés. Además, en cierta época Jamal había frecuentado una mezquita garaje del barrio, aunque fue un capítulo breve en su vida. Luego, cuando de nuevo se sensibilizó con el islam, a finales de los años noventa, empezó a donar dinero a las mezquitas y a forjarse una reputación de hombre generoso —entre gente que conocía poco o nada su historial— y sensible al sufrimiento de los musulmanes. Sarhane, por su lado, era conocidísimo en mezquitas grandes y pequeñas por su compromiso con los musulmanes desfavorecidos y por sus ansias por un islam puro o —algo visto por la mayoría— por uno extremista. Aunque la policía no lo localizó, algunos testimonios de la investigación dijeron que Sarhane mantenía un estudio en Lavapiés. En 2003 su estatus y su confianza eran tan grandes que actuaba de imán en la mezquita al-Huda, en ese barrio, regentada por iraquíes. Lo mismo hacía en varias mezquitas pequeñas de la ciudad, como las de Alonso Cano o Villaverde. Comentaba sus labores religiosas a Mohamed, nuestro testimonio, que le veía a menudo vestido con traje en su función de vendedor de pisos. Mohamed, como otros, interpretaba la labor de Sarhane en esas mezquitas como una expresión más del esfuerzo desinteresado de su peculiar pero pacífico amigo.

Hay tantos musulmanes en Lavapiés que pudieron haber puesto en contacto a Sarhane y Jamal que lo sorprendente es que no se conocieran antes. Pero hay que tener en cuenta que habitaban mundos paralelos, antagónicos, aunque compartieran el mismo espacio: uno el del tráfico de drogas, la violencia de la calle y la prostitución, el otro el del islam, estricto y comprometido.

Lo que faltaba era un motivo para una conexión. Entre los extremistas, aislados de su propia comunidad y generalmente con dificultades económicas, había habido en los años anteriores un interés creciente en hallar una justificación para el delito, ya fuera el robo, la falsificación o el tráfico de drogas, siempre que estuviera al servicio de su ideología extremista. Lo que no era tan común era que alguien del otro lado, un traficante de peso, con sensibilidades de musulmán extremista, y además con poder de convocatoria, buscara la redención y el abrazo religioso. Sin dejar sus negocios, además.

Es probable que Sarhane buscara a alguien como Jamal. Y es posible que Jamal buscara un discurso puritano que atemperara su creciente crisis personal. Es más que probable que sus caminos se cruzaran a finales de septiembre de 2003, aunque la relación tardó unas semanas en madurar.

Hay indicios que apuntan a que Sarhane conoció primero a los hermanos Oulad, del grupo más íntimo de Jamal, jugando al fútbol en el barrio de Villaverde, donde Sarhane ejercía ocasionalmente de imán. También allí jugaba Said Berraj, antiguo compañero de viajes de Amer Azizi, habitual de Lavapiés y el único de los testimonios del sumario que conoció tanto a Jamal como a Sarhane.

En cualquier caso, el encuentro cambiaría las vidas de los dos. Sarhane, el agente inmobiliario, vendió su último piso el 16 de octubre, en la calle Clavellinas de Madrid. A partir de ahí prácticamente dejó de ir a trabajar, según declaró a la policía la jefa de personal de la empresa Arconsa. Pasaba por la oficina unos quince minutos a la semana, calculó, y por eso le cambiaron las condiciones y pasaron a abonarle sólo las comisiones de lo que vendiera. Pero no vendió nada más. En cinco meses había completado cinco operaciones, lo que le reportó un total de 8.800 euros, entre su sueldo de 600 y las comisiones.

El 18 de octubre, los extremistas atentos a los deseos de sus líderes en la clandestinidad recibieron una señal importante. La cadena de televisión Al-Yazira emitió un comunicado de Osama Bin Laden en el que instaba a atacar a los aliados de Estados Unidos en su invasión de Irak. Tanto Sarhane como Jamal habían expresado ante familiares y amigos su ira contra España por la guerra.

«Nos reservamos el derecho a responder en el momento y el lugar apropiados contra todos los países que participan en esta guerra injusta, especialmente Gran Bretaña, España, Australia, Polonia, Japón e Italia», proclamó el líder de al-Qaeda. El plural utilizado se puede entender como un plural etéreo, que engloba entre los suyos a quien actúe como él proclama. Pocos días después, Abu Muhammad al-Ablaj, uno de los responsables de la propaganda de al-Qaeda, anunció que uno de los países citados por Bin Laden recibiría un ataque violento. El comando del 11-M era sólo un embrión todavía, pero el propio Sarhane había adelantado a su amigo y ex compañero de piso Basel Ghalyun, y al dueño de Virgen del Coro, Muhannad Almallah Dabas, que en Madrid iba a ocurrir «algo muy fuerte» y que lo mejor que podían hacer era abandonar la ciudad. Dieron testimonio de ello a la policía después de los atentados, y fueron objeto de preguntas por la fiscalía en el juicio: Sarhane había hablado de la guerra de Irak, de que era justificable robar joyerías y matar a policías españoles. Los dos testigos alegaron que su amigo se había radicalizado, y que por ello se habían distanciado de él.

Parece claro que unos cinco meses después del atentado en Casablanca y de la detención de su cuñado en Marruecos, Sarhane sentía la responsabilidad de «hacer algo».

Asimismo, en octubre había recibido la orden directa de su admirado y mediático emir y había conocido a una persona que ofrecía experiencia criminal, contactos y agresividad, además de un grupo de seguidores fieles y capacidad para financiar las operaciones. Jamal siempre había sido un líder, un jefe. Sarhane se había convertido en un líder recientemente: toda su trayectoria de introspección, alienación y luego radicalización y proselitismo, le había preparado para el reto de captar a un criminal empedernido, de carácter extremista, por su único punto débil: la mezcla de añoranza profunda e ignorancia práctica de la religión de su padre.

11

La célula

octubre de 2003 - 11 de marzo de 2004

Los agentes de la Unidad Central de Información Exterior (UCIE) de la Policía Nacional, dedicada al islamismo extremista, pensaban que tenían bien controlados a los grupos que había en España y, entre ellos, al que lideraba Sarhane. España no había sufrido un atentado islamista desde 1985, cuando la Yihad Islámica —que nunca lo reivindicó— atentó contra el restaurante El Descanso, en Torrejón de Ardoz (Madrid), donde solían concentrarse los militares norteamericanos de la base aérea. Los agentes dedicados a vigilar la amenaza yihadista eran aproximadamente una trigésima parte de los dedicados a la lucha contra ETA y, hasta el 11-S, habían seguido durante años una política de vigilar y controlar, pero raras veces detener.

A pesar de los indicios que iban acumulándose —detenciones de musulmanes, atentados en Casablanca (contra la Casa de España entre otros sitios), avisos de los servicios secretos franceses y de los propios españoles—, los recursos policiales contra el yihadismo no crecieron sustancialmente. Antes del 11-M, en marzo de 2004, había un centenar de agentes dedicados al terrorismo islamista. En comparación con los alrededor de tres mil quinientos dedicados a la lucha contra el terrorismo de ETA, era un cuerpo insignificante. La Unidad Central de Información Exterior tenía un pequeño cuerpo de traductores de árabe para verter todas las escuchas telefónicas y pocos investigadores con la experiencia y el tiempo necesarios para las tareas laboriosas de seguir y valorar las actividades de personas que se sabían bajo sospecha. El Centro Nacional de Inteligencia (CNI) tenía en 2004 una veintena de traductores. Muchas grabaciones policiales no estaban disponibles en castellano. Después de la matanza, demasiado tarde, crecería enormemente el departamento encargado de velar por las amenazas yihadistas; cuatro años más tarde contaba con mil cien agentes.

El 18 de octubre de 2003, la amenaza se hizo más evidente cuando Al-Yazira emitió el comunicado de Osama Bin Laden en el que instaba a atacar a los aliados de Estados Unidos en su invasión de Iraq. Pocos días después, uno de los responsables de la propaganda de al-Qaeda anunció que uno de los países citados por Bin Laden iba a recibir un ataque violento.

En noviembre siete miembros del CNI de servicio, sin uniforme, morían en un atentado al sur de Bagdad que fue reivindicado por el grupo liderado por el jefe de al-Qaeda en Irak, Abu Musab al-Zarqawi, que se denominaba Ansar al-Sunna. Era el primer atentado directo contra España por parte de al-Qaeda.

Poco después, en los primeros días de diciembre, se publicó en internet un documento titulado «Mensaje al pueblo español» en el que, tras hacer referencia al ataque contra los siete agentes del CNI, afirmaba que «la responsabilidad de la ocupación recae sobre los ejércitos participantes y sus pueblos» y anunciaba que «los batallones de la resistencia iraquí, y quienes los apoyan fuera de Irak, son capaces de aumentar las dosis de sufrimiento en Irak y fuera de él».

Los agentes de la UCIE nunca pensaron en la posibilidad de una alianza entre yihadistas y narcos. Aunque se sabe que delincuentes y extremistas utilizan los mismos servicios, por ejemplo en la falsificación de documentos, y aunque existen ejemplos lejanos donde se mezclan la droga y el terrorismo, como en Colombia o Afganistán, en Madrid los dos submundos eran tratados completamente por separado. Es llamativo que Sarhane y Jamal, los inminentes líderes del grupo que perpetraría el atentado, estuvieran bajo vigilancia de la policía española en el mismo momento, en el otoño de 2003. Pero nadie era consciente, al mismo tiempo, de ambas investigaciones. El aislamiento entre la unidad islamista y el resto de las divisiones de la Policía Nacional, y entre éstas y la Guardia Civil, quedaría de manifiesto en los meses siguientes. Confiaban en poder identificar a los islamistas peligrosos, y de hecho los tenían bajo vigilancia, pero su naturaleza y su táctica ya habían cambiado.

Sarhane estaba fichado y era bien conocido por su vinculación a Abu Dadah, a Maimuni y a los hermanos Almallah Dabas, según el policía. En esos momentos Abu Dadah estaba pendiente de juicio, acusado de ser el jefe de al-Qaeda en España y de apoyar logísticamente los atentados del 11-S. Maimuni estaba encarcelado en Marruecos, acusado de vínculos con los atentados de mayo en Casablanca. Mutaz Almallah Dabas, hermano del dueño de Virgen del Coro, trabajaba en Londres para el extremista Abu Qutada, que justificaba explícitamente la violencia contra los «kufares». La policía también tenía bajo vigilancia a Jamal Ahmidan como narcotraficante, sin conocer su identidad real. «El grupo de Jamal Ahmidan estaba siendo investigado pero por la policía judicial, que no tenía que ver con terrorismo —explicó el policía—. Tampoco se había detectado en esa investigación nada que los vinculara con sectores islamistas o radicales. No aparecen las líneas de conexión entre todos esos grupos. Todos por alguna u otra razón son conocidos. Algunos teléfonos se intervienen, pero no aparece nunca un mapa de conexión de líneas que muestren todo el conglomerado, el dibujo de lo que estaba ocurriendo.»

Un día del mes de octubre Sarhane y Jamal, junto con otros tres hombres no identificados, fueron a comprar carne al establecimiento de un amigo marroquí de Jamal, Hassan Aglif, y le preguntaron si conocía alguna finca para alquilar a las afueras de Madrid. Evidentemente, ya trabajaban juntos en un plan. Aglif vivía a diez kilómetros de Madrid, en una finca en la que sacrificaba los animales mediante el rito musulmán, que luego vendía en el centro de Madrid, y por eso podía ser un buen contacto para Sarhane y Jamal en su búsqueda de un lugar apartado de las miradas pero cerca de la capital.

Jamal, rodeado de los que siempre le habían sido fieles en sus negocios de droga, aportaba muchas de las cosas que Sarhane necesitaba, entre ellas, seguidores obedientes. Tres de sus compinches —Rachid y Mohamed Oulad y Asrih Rifaat— le seguirían hasta el final.

Los Oulad estaban con Jamal desde que éste salió de la cárcel en España en 1995 y les obligaba a rezar en la mezquita de Lavapiés. Su hermano mayor, Khalid, robaba a turistas con Jamal cuando volvió de Francia en 1998. Rachid había estudiado en el colegio español de Tánger y había emigrado a España para estudiar, pero se había dedicado al tráfico de drogas y había pasado por la cárcel. Cuando Jamal se fue a Marruecos, Rachid empezó a trabajar en una empresa de construcción, y siguió en ella hasta pocos días antes del atentado. Los Oulad mantuvieron algunos contactos con Sarhane y Maimuni en Lavapiés y Villaverde, donde tenían un piso, mientras Jamal estuvo fuera del país.

En la misma empresa de Rachid trabajaba Abdennabi Kounjaa, un tipo arisco que sólo se relacionaba con los compañeros de trabajo. Los españoles le llamaban despectivamente el Barbas. Como los Oulad, provenía de una familia numerosa, de nueve hermanos, originaria de Tetuán. Mientras trabajaba escuchaba cintas religiosas en un walkman. Siempre fue serio, reservado, muy religioso; nunca bebía ni fumaba ni se metía en problemas, según su hermano Abdelkader. Abdelkader recordaba que se encontró casualmente con los Oulad, Rifaat y su hermano en octubre, y sólo éste le habló; los otros le despreciaban por ser un mal musulmán.

El más joven, Asrih Rifaat, nacido en 1980, llevaba en España desde los quince años. Desde muy joven traficaba con Jamal, que le trataba como a un hermano pequeño. Se encargaba de recoger el dinero de las ventas. En 2003, Rifaat vivía con los Oulad pero se alojaba puntualmente en Virgen del Coro, con Basel Ghalyun, el joven sirio amigo de Sarhane. Rifaat rezaba todos los viernes en la mezquita de la M-30 o en la del barrio de Estrecho. Había sido uno de los asiduos a los partidos de fútbol que se organizaban los fines de semana. Un antiguo compañero de piso y del fútbol, le dijo al juez que Rifaat estaba muy desarraigado de su familia y sus orígenes y que, tras una temporada en que perdieron el contacto, supo que frecuentaba mucho la mezquita, le llamó y se vieron. Eso fue en marzo de 2003, un año antes del atentado. Su amigo lo encontró muy radicalizado en sus creencias.

Tras el encarcelamiento de Jamal en Marruecos, Rifaat, como Rachid Oulad, se había puesto a trabajar en la construcción como instalador de paredes de pladur. Cuando volvía de trabajar leía el Corán. «Era muy religioso, serio y reservado», explicó un compañero de piso. «No fuma, no bebe ni va con putas», dijo otro.

Ghalyun sostuvo en el juicio que empezó a distanciarse de Sarhane cuando empezó a hablar de «hacer algo». En agosto Sarhane hablaba de que era lícito robar joyerías y matar a policías, y le había dicho que podía ocurrir «algo muy fuerte» en Madrid y que lo mejor que podía hacer era abandonar la ciudad.

Por las fechas en que Sarhane y Jamal se conocieron, Ghalyun, Rifaat y buena parte del entorno de Sarhane participaban en los ensayos de una obra de teatro. Fue una propuesta de la dirección de la mezquita de la M-30 a Abdulá Durra, para realizar actividades culturales y lúdicas durante las fiestas musulmanas como el Ramadán. Fue el segundo año que se hizo, y esta vez la primera representación se programó en la mezquita de Estrecho. La segunda se iba a celebrar en la mezquita de la M-30 en la primavera. La obra era una crítica social y desempeñaba un cierto papel de válvula de escape, de mecanismo de expresión del malestar de los jóvenes musulmanes en una sociedad en la que no les era fácil integrarse. Cargaba contra la situación de la gente que vivía en España dentro de la sociedad musulmana. Criticaba a los niños musulmanes nacidos en Occidente que disfrutan de unos privilegios impensables en sus países y los malbaratan; hablaba de lo que pasa en sus lugares de origen, donde los niños carecen de estos beneficios y se dedican a aprender y ser algo en el mundo. Criticaba los países árabes y se mofaba de los derechos humanos en Occidente. Cuestionaba a los imanes que trabajan sólo en beneficio propio.

Según Abdulá, intentaba provocar reflexiones morales dramatizando situaciones reales. Había una escena que representaba a un empresario musulmán aprovechándose de otro musulmán que no tenía papeles, a quien entonces le podía pagar un sueldo miserable. Para darle un tono más festivo, había actuaciones musicales entre escena y escena. «Lo más importante para nosotros era la autocrítica, no pensar que somos perfectos», explicó. Los extremistas pensaban, añadió Abdulá, que ellos llevaban la razón y que los demás, incluidos los musulmanes en general, estaban equivocados. Y que quien no entraba en su núcleo estaba «desviado, perdido».

Dos de los participantes eran Rifaat y Ghalyun. A Sarhane no le gustó la obra. Abdulá sabía que los extremistas estaban en contra, e intentaban desanimar a algunos participantes. Rifaat lo dejaría antes del estreno, el 6 de diciembre. Ghalyun intentó convencerle de que se quedara, sin éxito. Si la línea entre la participación en las ideas y la colaboración en la acción es difícil de trazar, quizá se ve más claramente en la competencia entre dos grupos trabajando en proyectos paralelos: uno en una obra de teatro; otro, en un atentado.

«Algunas personas no tenían las ideas claras por su inexperiencia y su poquísimo conocimiento de la religión —explicó Abdulá—. Veían participar en las obras de teatro como algo bueno. Pero decían: "El otro me convence también".»

Abdulá veía que las obras de teatro podían atraer a jóvenes con ganas de participar en «algo bueno». Al mismo tiempo, su poco conocimiento del islam les hacía vulnerables al mensaje extremista de Sarhane. «Si tiene carisma y es una persona para él de confianza, entonces le escucha, a lo mejor le convence y le lleva a su terreno», dijo Abdulá. Para los dos amigos participantes en los ensayos, los destinos eran muy diferentes. Rifaat, que lo dejó, estaría muerto en unas semanas. Ghalyun, después de ser imputado como autor material del atentado, sería finalmente absuelto, en julio de 2008.

Clandestinamente, el otro grupo iba creciendo. Desde septiembre de 2003, Kunjaa estaba trabajando como albañil en una obra con uno de los hombres que probablemente aportaba una pequeña dosis de experiencia que los otros no tenían. Allekema Lamari había sido condenado en España en 1997 a diez años de cárcel por pertenencia al Grupo Islámico Armado (GIA) argelino. Puesto en libertad por un error judicial, salió de la cárcel en junio de 2002, cargado de odio contra el país que le había encarcelado. Cuando se detectó el error, la policía le puso en busca y captura, pero Lamari sabía esconderse. Vivió en Valencia en casa de un amigo sin dejar rastros. No usaba móvil ni tarjetas de crédito.

Ex compañeros de trabajo le describieron como un tipo que trabajaba descalzo, supuestamente para mortificarse, y que estaba siempre rezando. Cuando iba a Madrid, frecuentaba la pequeña mezquita de Alonso Cano —donde Sarhane oficiaba como imán ocasional—, las mezquitas ambulantes de los extremistas y Lavapiés, donde mantenía relación con muchos de los que serían luego acusados de colaboración terrorista. En privado, había hablado de atentar en España descarrilando trenes, provocando incendios o utilizando coches bomba. Los servicios secretos sabían que era peligroso. El Centro Nacional de Inteligencia supo que en enero de 2004 Lamari disponía de documentación para huir del país, pero que no quería hacerlo porque tenía una misión que cumplir y que, además, nunca le cogerían vivo otra vez. En un informe del 5 de marzo, a seis días de la matanza, el CNI alertaba de que Lamari estaba en paradero desconocido.

En Lavapiés, donde Maimuni y Sarhane habían hecho sus labores de proselitismo, bajo vigilancia policial, una de sus principales amistades fue el joven empresario Jamal Zugam. A este marroquí de treinta y un años, residente en España desde 1989, las cosas no le iban mal. Era dueño de un locutorio y una tienda de telefonía y del 50 por ciento de la peluquería Abdou. De padres separados, vino a España con su madre y se convirtió en el principal proveedor de ingresos para la familia. Zugam pertenecía a esa generación de emigrantes que tiene un nivel mínimo de ingresos cubierto, hasta el punto de ser socio de un gimnasio, como cualquier joven profesional, y de lucir en fotos su aspecto cuidado, moderno, de triunfador. Desde el año 2000 figuraba en los archivos de la policía española. Había sido cliente y amigo de Abu Dadah cuando comerciaba con fruta y verduras en Lavapiés. En 2001, tras un aviso de los servicios de espionaje franceses, había sido investigado, y su piso, registrado, por su presunta relación con una célula islamista, sin llegar a ser acusado de nada.

Su locutorio era conocido por tener buenos técnicos para reparar y «liberar» móviles. Sarhane, con sus trapicheos de efectos robados, era cliente suyo. A finales de 2003 Sarhane asistía a «reuniones» que se celebraban en las peluquerías Abdou y Paparazzi, de Lavapiés, que la policía cree que pudieron ser importantes para buscar apoyo y compromisos para el grupo en formación. Nuevamente, la policía los tenía «controlados», pero sin alarmarse. Said Berraj, uno de los cuatro detenidos en Estambul en 2000 junto con Benyaich y Azizi, estuvo con Sarhane en Abdou. Pero por entonces, tres años después del incidente, el archivo sobre las detenciones todavía no había llegado desde Estambul a Madrid.

A medida que se iba cohesionando el grupo, ¿de dónde provenían las órdenes? ¿Quién tomaba las decisiones? No sabemos quién impulsaba u orientaba a Sarhane, pero por su historial, su carácter y su afición a internet, es más que probable que buscara apoyo. La teoría más elaborada, que sostendría la fiscal Olga Sánchez en el juicio, apunta a otra conexión.

El nombre de Zugam apareció en una investigación sobre las actividades del GICM en Bélgica, en 2003. Según esta investigación, se debatía en secreto sobre el liderazgo del GICM en Francia y Bélgica después de la detención del líder Nafia Nureddine, colaborador de Bin Laden, en Marruecos. El principal candidato era Hassan al-Haski, marroquí de cuarenta años, que se dedicaba a captar voluntarios para la guerra en Irak. Huyendo de las redadas policiales en Bélgica se fue a París, donde alquiló un apartamento bajo identidad falsa, en Livry Gargan, con el apoyo de miembros del grupo. Desde ahí, Al-Haski contactaba con sus seguidores dejando mensajes en la bandeja Borrador de cuentas de correo electrónico de Yahoo y Hotmail. Según el testimonio de uno de sus colaboradores a la policía francesa, luego desmentido en el juicio en Madrid, Al-Haski decía que conocía «al grupo de Zugam» en Madrid.

Otro de los miembros del GICM, también residente en Bélgica, era Yusef Belhadj. El 19 de octubre de 2003, al día siguiente de la emisión del vídeo de Bin Laden, se activó un móvil, a nombre de Catherina Paquet, en el que se daba como fecha de nacimiento el 11 de marzo de 1921 y como domicilio, el número 84 de la calle Léscaut de la localidad de Molenbeek St. Jean, en Bélgica, donde vivía Belhadj. La tal Paquet no existía, pero el resguardo de compra se encontró en el piso de Belhadj. La policía belga sostuvo que fue Belhadj quien compró la tarjeta, que indicaba, en las fechas dadas, el día en que debía perpetrarse la matanza. Aparte de la fecha, se dedujo que el año de nacimiento consignado hacía referencia a la sura 21 del Corán, donde dice: «Se acerca el momento en que los hombres deben rendir cuentas, pero ellos, despreocupados, se desvían».

La tesis de la fiscalía en la investigación mantendría que el GICM intervino, además de aportando algunos elementos, eligiendo la fecha. Si ésta se había decidido el 19 de octubre, fue mucho antes de que el gobierno anunciara (el 9 de enero, a través de su portavoz, Eduardo Zaplana) el día de las elecciones. En cualquier caso el 11 es, desde septiembre de 2001, la fecha de muchos de los atentados islamistas. Una de las aspiraciones del atentado era provocar la retirada de las tropas de Irak, pero probablemente el grupo no previó que el golpe, por muy próximo que estuviera a la fecha de la jornada electoral, fuera a provocar un cambio de gobierno.

A inicios de 2004 Belhadj recibió en Bélgica la visita de un sobrino, residente en Madrid, a quien le dijo que era de al-Qaeda, le mostró páginas web de acceso restringido en las que se veía a tipos preparándose para inmolarse y le insistió para que se fuera a Afganistán a hacer la yihad. El chico no le hizo caso, y cuando fue detenido meses más tarde contó todos los detalles a la policía. En cambio, dos jóvenes marroquíes relacionados con Belhadj sí que se unieron al grupo que estaba formándose en Madrid: alquilaron el piso donde se escondieron Sarhane, Jamal y otros seis después del atentado.

Todos esos otros hombres que se iban integrando al grupo tenían en común la precariedad laboral, el desarraigo, la juventud y múltiples lazos entre ellos. Alguno había traficado con drogas, pero la mayoría coincidieron en obras de construcción, trabajando como albañiles. Abdelmajid Buchar, marroquí de veinte años, quizá era vago en el trabajo, pero era miembro del club de atletismo de Zarzaquemada y un excelente fondista que había ganado varias pruebas de aficionados en la comunidad de Madrid. Sus especialidades eran los tres mil y los cinco mil metros y su sueño, ganar una medalla de oro en los Juegos Olímpicos. Los Buchar eran ocho hermanos. El padre, también en España, ignoraba dónde vivía su hijo o si tenía teléfono.

Mohamed Afalah, marroquí de veintisiete años, casado con una mujer de la familia de Belhadj, era amigo de Buchar de Lavapiés. Abandonó la casa paterna de Madrid en diciembre y no trabajaba. Los dos escaparían de la policía después del atentado (Buchar fue detenido en Serbia en 2007). En 2005, al padre de Afalah le fue entregado un móvil: su hijo le llamaba desde Irak para despedirse antes de matarse en una acción suicida.

Mientras el grupo se formaba, Jamal, con sus negocios en crisis y la policía más cerca, se ocupaba de las operaciones para armar y financiar al grupo. Desafiante, parece que le gustaba correr riesgos.

El 5 de diciembre, por la mañana, había un entierro en Buitrago (Burgos) que obligó a la Guardia Civil a cortar la carretera N-I. El primer coche que debió parar en la fila era un vistoso BMW, conducido por un magrebí. La combinación de coche y conductor llamó la atención de un agente, que se acercó a preguntar. El tipo al volante era extremadamente amable. Tras una breve conversación, el agente le ordenó que no se moviera, que

171

él debía atender el entierro, pero que iba a enviar a otra pareja. Cuando llegó, el BMW había desaparecido. A las dos de la madrugada siguiente, el mismo agente y su par fueron enviados a una gasolinera de la zona, porque había habido algunos robos en camiones. Allí estaba de nuevo el mismo BMW, esta vez averiado. El magrebí, muy nervioso, les pidió ayuda para empujar el coche. El agente le preguntó de dónde venía y les dijo que de Bilbao, de ver a una hermana, de la que no supo dar una dirección o un teléfono. Sospecharon que era mentira y registraron el coche, y la reacción del conductor, en actitud «chulesca», fue llamarles «racistas», según dijo el agente cuando se juzgó el 11-M. En el maletero llevaba cuchillos, dos maletas con pantalones, camisas y chaquetas con la etiqueta y el chivato electrónico de El Corte Inglés, y, en la cartera, un fajo de billetes de quinientos euros. El fajo tenía el grosor de un dedo índice, según el agente. Se identificó con un pasaporte belga a nombre de Yusef Ben Salah. Era una de las identidades de Jamal. Los agentes le denunciaron por los cuchillos y llamaron —los agentes, porque Jamal llevaba un móvil prepago sin saldo— a una grúa, que llevó el coche a un taller de Vallecas.

Como años atrás, el Jamal doméstico era muy distinto al del exterior, ahora convertido en líder operativo y extremista.

La Nochebuena de 2003 la pasó con la familia de Raquel. Estaban sus tíos, su hermana y su madre. Ella tiene recuerdos nítidos de aquella noche con Jamal. «La nochebuena de ese año estuvo cenando en casa. En mi casa somos católicos y se bendice la mesa por lo menos ese día, dando gracias por la comida que tienes en la mesa. Y él lo hizo igual que nosotros y compartió la mesa igual que nosotros. Y es más, yo tengo costumbre de ir a la misa del gallo, y [Jamal] me llevó hasta la puerta de la iglesia y entró, y estuvo un rato y se salió, porque se iba para su casa.»

Raquel recuerda la cena con sus tíos y su hermana, y el ambiente «fenomenal». Su madre y su tía cantaban villancicos, mientras Jamal y ella se partían de risa por lo mal que cantaban. «A las doce, ellos siempre van a la misa del gallo y yo no. "Bueno, que nosotros nos vamos a la misa del gallo", y nosotros para casa. Jamal se ofreció a llevarlos a todos a misa.» Cuando bajaron a la calle, Raquel vio que él había llegado en un coche nuevo, un todoterreno enorme. «Pero cari —le preguntó a Jamal—, ¿dónde vas con ese coche?» «Pues lo voy comprar y lo voy a cambiar por el BMW», le contestó. Decía que lo prefería para el campo, a pesar de las quejas de su hijo, a quien le gustaba tanto el BMW.

Seis días después, Sarhane acompañaba —y vigilaba— a Jamal en sus obligaciones. Ambos regresaban de Bilbao. Aquel día, el narcotraficante había ido a cobrarle una deuda a un camello, Larbi Raichi, a quien conocía desde 1997 o 1998. Raichi vendía hachís en el centro de Bilbao. Jamal le acusaba de haberle robado veinte mil euros y una partida de droga el mes de septiembre anterior, según constaba en el tomo 103 del sumario judicial. Jamal lo buscó en las callejas del centro de Bilbao y a última hora del día lo encontró en la taberna Txikia. Lo hizo salir a la calle, sacó una pistola y, arriesgando su libertad y que sus planes fueran descubiertos, le disparó en una rodilla.

Tras aquella acción volvió a Madrid. Raquel recuerda que aquel día tuvieron una buena bronca por teléfono. Le esperaba para cenar en casa en Nochevieja. Jamal no había avisado de que no iba a ir. Cuando Raquel le llamó a las diez de la noche, dijo que no sabía si podría llegar porque estaba conduciendo y le había surgido un problema. Ella le llamó otra vez a las once y entonces dijo que no llegaría, que cenaran solos. Raquel se enfadó. «"¿Cómo que no vienes? A mí no me parece normal" —recuerda que le dijo—. Y ya escucho al otro por detrás que le está pinchando. "¡Ésa es una fiesta de cristianos!".» Acto seguido Jamal le dijo: «Pues no voy porque es una fiesta de cristianos». «¿Que tienes al loro al lado?», le espetó Raquel. En árabe, una voz decía:

«Déjala, déjala, que es cristiana», citó ella, reproduciendo su recuerdo de los diálogos a tres bandas de aquella noche. Jamal se enfadó. «A mí nadie me tiene que decir nada, te estoy diciendo que iré cuando pueda, que voy muy nervioso.»

Raquel cenó y tomó las uvas con su madre, su niño y su hermana, en casa de su madre. Luego se fue al piso que compartía con Jamal. Él llegó a las tres y media o las cuatro de la mañana. Discutieron, pero luego Jamal intentó calmarla, le pidió perdón y le repitió que estaba «muy nervioso». «Yo no noté nada raro ni vi sangre en su ropa ni nada de nada. Que venía muy cansado. No me dijo de dónde venía.» Ella tampoco le preguntó.

Jamal ya había comenzado a buscar explosivos. Conocía a mucha gente del mundillo del hampa, y una cadena de personas le había puesto en contacto con el ex minero asturiano José Emilio Suárez Trashorras, que traficaba con dinamita. El hilo es un ejemplo de los múltiples contactos adquiridos por un delincuente con experiencia, que ha pasado por la cárcel. Rachid Aglif, hermano del carnicero Hassan, había participado en los negocios de droga de Jamal; de ese ámbito conocía a un ex portero de discoteca y traficante de poca monta (y confidente de la Guardia Civil) llamado Rafa Zuhier; éste había coincidido en el año 2001 en la cárcel de Villabona con Antonio Toro, preso por narcotráfico y cuñado de Trashorras; su hermana, Carmen Toro, era entonces la novia de Trashorras. Este grupo celebró al menos dos reuniones en sendos McDonald's, en los barrios de Carabanchel y Moncloa de Madrid. Comieron hamburguesas mientras negociaban. José Emilio Suárez Trashorras había trabajado en la mina Conchita (en Belmonte de Miranda, cerca de Avilés), hasta que en julio de 1997 se le diagnosticó un trastorno de la personalidad de tipo esquizoide que lo inhabilitaba para ese oficio. Desde entonces se había dedicado fundamentalmente al tráfico de hachís y de dinamita, que lograba por el contacto con sus antiguos compañeros.

Jamal, que fue solo a las dos citas, le dijo a Trashorras que quería comprar sesenta kilos de dinamita para venderla en Marruecos. Jamal se comprometió a pagar con hachís. En la segunda pactaron que, en enero, Trashorras mandaría a alguien con el material. Un «correo», según la jerga policial. Así, en cumplimiento de lo acordado, el asturiano envió dos cargamentos de Goma-2 ECO a Jamal. El primero lo llevó un tal Sergio Álvarez en un autobús de línea que salió de Oviedo a las ocho de la mañana del 5 de enero. La bolsa pesaba unos cuarenta kilos e iba cerrada con un candado. Trashorras le prometió al correo seiscientos euros por el transporte. El bus llegó a Madrid a las 13.30 y unos treinta minutos más tarde apareció Jamal Ahmidan, que se llevó el macuto. Álvarez volvió a Oviedo en otro autobús. Trashorras le pagó con dos tabletas de hachís de doscientos gramos, por las que podía sacar unos setecientos euros.

Uno o dos días después, Trashorras volvió a llamar a Álvarez, quien, al sospechar que quería repetir el transporte y que se trataba de droga o dinamita, no descolgó el móvil. El ex minero contactó entonces con Antonio Iván Reis, que debía dinero a su cuñado, Antonio Toro, por tráfico de drogas. Le propuso liquidar la deuda llevando un paquete de hachís a Madrid, donde lo recogería «un moro», dijo Trashorras. Reis declinó la oferta, pero le ofreció trescientos euros y entonces aceptó. Acordaron que viajaría el día 9 a las 7.30 de la mañana; poco antes de salir, el traficante de explosivos le advirtió de que si «el moro» le pedía dos mil euros le dijera que se los habían robado. Efectivamente, cuando Reis entregó la bolsa a Jamal, éste le pidió ese dinero y, al no obtenerlo, le robó la cartera y el móvil. De regreso a Oviedo, Reis contó lo sucedido a Trashorras y a su novia, Carmen Toro, que aseguró que ella —que conocía al ladrón— lo arreglaría. Reis no cobró los trescientos euros ni la deuda se consideró saldada, de manera que se fue a vivir a Canarias, lejos de las amenazas de Toro. Aquel mismo día, 9 de enero, el portavoz del gobierno, Eduardo Zaplana, anunció que las elecciones serían el 14 de marzo. Faltaban 65 días.

Pocos días más tarde, el 23 de enero, Trashorras estaba tomando unas copas con su amigo Iván Granados cuando llamó al Chino y le preguntó: «¿Eso qué, para cuándo?». Al momento envió un SMS a su ex compañero de la mina Raúl González y le citó en las cercanías de la explotación en la que ambos habían trabajado. Trashorras fue con Granados. Cuando llegaron, el primero bajó del coche y se internó por un camino de montaña, y el segundo se quedó en el coche. Unos cuarenta y cinco minutos más tarde apareció de nuevo y le propuso viajar a Madrid con un paquete de dinamita, pero Granados se negó. Por eso, acabó ofreciéndoselo al entonces menor G. M. V., que aceptó. El viaje lo hizo a finales de enero, también en autobús de línea. El Chino y el chico se citaron en un bar de Madrid, frente al que Jamal aparcó el Opel Astra de su suegra, en el que cargó la tercera bolsa.

La mina no ejercía un control estricto sobre la dinamita. El encargado de velar por las cantidades utilizadas, Emilio Llano, sólo anotaba las que los mineros le decían, sin comprobar que realmente cuadrara la que se sacaba del polvorín con la que se empleaba para abrir vetas. Los detonadores, que son los artefactos que activan el explosivo, se guardaban en unos pequeños almacenes cuyas llaves quedaban bajo una piedra o tras un árbol al acabar la jornada laboral. Cuando la Guardia Civil preguntaba por algún desajuste entre las anotaciones de entrada de explosivos y las del consumo real, se atribuía a un error inocente en la toma de datos.

Hacia el 25 de enero, Trashorras volvió de nuevo a la mina, esta vez con el menor. Usó un Toyota Corolla que le había entregado un mes antes Jamal Ahmidan, que lo había robado en septiembre y al que le habían cambiado las matrículas. El ex minero estuvo hablando con dos hombres vestidos de mono azul y cuando volvió al coche, explicaría luego el chico, Trashorras dijo: «Esto está hecho, esto está bien». Se refería a que disponía ya de la cantidad total que le había pedido el Chino.

El grupo necesitaba con urgencia un lugar donde almacenar el explosivo que les iba a llegar y donde poder manipularlo lejos de las miradas de los vecinos. Así, el 28 de enero Jamal, usando su pasaporte belga a nombre de Yusef Ben Salah, firmó el contrato de alquiler de una casita en Chinchón, unos cuarenta kilómetros al sudeste de Madrid. Era una casa pequeña, de planta baja, con un pequeño porche, que ocupaba una mínima parte de una parcela con algunos pinos, en una zona seca y árida; también había un cobertizo para trastos.

Esta casa había sido alquilada dos años antes ni más ni menos que por Mustafá Maimuni, el cuñado de Sarhane. Maimuni estaba preso entonces en Marruecos por su presunta participación en los atentados de Casablanca. Era propiedad, además, de Mohamed Needl, en aquel momento también en prisión preventiva como presunto miembro de la célula islamista de Abu Dadah. No era, a buen seguro, el sitio más discreto para que el comando instalara su base. Además, por las medidas de seguridad que tomaba Sarhane —cambiaba de móvil, hacía recorridos ilógicos en la calle—, debía de suponer que estaba siendo vigilado por la policía, y así era. Pero sin la intensidad suficiente. Un acta de seguimiento de agentes de la UCIE de mediados de octubre narraba la reunión de Sarhane con su amigo Muhannad Almallah precisamente para pedirle dinero para la defensa de su cuñado en Marruecos, lo cual no tiene nada de ilícito pero pone de relieve que Sarhane estaba bajo control y que la policía sabía a qué dedicaba algunas de sus citas. Es posible por todo ello que Sarhane no pensara en esa casa inmediatamente. Pero se les echó el tiempo encima antes de que saliera una opción mejor.

La casa estaba en la cartera de la inmobiliaria donde aún trabajaba Sarhane y él fue quien, actuando como agente, concertó una cita entre la esposa de Needl, Nayat, y el cliente interesado, Jamal Ahmidan. Sarhane le hizo saber a Nayat que él no trataba con mujeres, así que debió acudir el hermano de Needl. Ella necesitaba dinero para pagar los gastos de la defensa judicial de su marido, y Jamal buscaba —aparentemente— un lugar tranquilo donde pasar los fines de semana; un lugar al que ir los viernes para pasear en bici o a pie y sentarse fuera de cuatro paredes a tomar el aire o charlar. Desde que había vuelto de Marruecos, Jamal le hablaba a menudo a Raquel de un sitio así, donde estar tranquilo y simular que su vida tendía a la normalidad.

Los Needl pedían 275 euros, pero pactaron 210 porque Jamal abonó un año por adelantado. Aunque el alquiler se formalizó a finales de enero, algunos testimonios dijeron en el juicio que desde octubre ya había esporádicamente gente en la casa. Tres vecinos de la urbanización testificaron ante la policía que, a buen seguro, desde mediados de diciembre la ocupación ya era regular.

Raquel describió las sensaciones de Jamal por la casita soñada cuando le dijo que había encontrado una en el campo, cerca de Madrid. «Además me lo dijo con una ilusión y una manera... Cogió las llaves, no esperó ni dos horas para llevarme a Chinchón a enseñarme la casa. Yo dije: "Hijo, espérate a mañana que está anocheciendo". Pero él insistió en ir inmediatamente. Y yo sé —añadió— que ahí tuvo que hablar con Sarhane o con alguien.» La puerta de la finca estaba cerrada con candado y Jamal tuvo que llamar para saber cuál de las llaves abría. Mantuvo una conversación con el interlocutor, posiblemente Sarhane, comentando su visita previa a la casa, por la mañana. Jamal le decía que no le gustaba la puerta, como un propietario que pensara ya en reformas. Sarhane —si es que era él— le preguntó con quién estaba, y Jamal le contestó que iba a mostrar la casa a su mujer.

Al día siguiente, Jamal ya llevó a la casa algunos enseres de cocina. Una vajilla que le había regalado su suegra, sartenes, ollas... «Pero Jamal, ¿para qué llevas tantas cosas?», le preguntó Raquel, extrañada. Jamal le dijo que «los chicos» iban a empezar a «subir el techo», a ganar un espacio en la parte superior de la casa. «Pero a ver —le advirtió—, que como te pille la Guardia Civil subiendo un piso encima vas a tener problemas, que para eso necesitas licencia del ayuntamiento y todo.» Jamal le contestó, con su habitual menosprecio por la policía: «Bah, si éstos no se enteran de nada, ¿no ves que la casa está metida *pa* dentro?». Raquel recuerda que efectivamente era difícil ver la casa desde fuera, había que acercarse para verla bien.

«Los chicos» eran su primo Hamid Ahmidan, Mustafá el-Haddar, Mohamed el-Haddad, Otman el-Gnaui y Daud Ouhnane, que fueron contratados, a cincuenta euros diarios, para hacer algunas reformas en el edificio: subir un piso para tener más habitaciones, construir una chimenea, adecentar el interior en general, pintar y cavar bajo un cobertizo un hoyo en forma de tumba, protegido por material aislante y bien disimulado, para la dinamita. También Asrih Rifaat solía estar en la finca. Sarhane iba algunas veces por allí, pero mantenía una cierta distancia con los obreros y sólo hablaba con Jamal, explicó el-Gnaui en el juicio.

Jamal estaba «ilusionadísimo» con su nueva casa, según Raquel. Le recuerda haciendo planes. «Decía: "Ya verás el verano que viene lo bien que te lo vas a pasar en la piscina, aquí ya puedes hacer lo que quieras porque no te ve nadie, y con las ovejas, las gallinas...".»

¿Pensaba que haría un servicio secreto a la yihad y luego seguiría con su vida? Él mismo trabajaba en las obras, como albañil, aunque era totalmente inexperto. Volvía al piso «con las manos destrozadas». Raquel le aconsejó ponerse crema para aliviarlas. Jamal le explicaba que hacía mucho frío y le contaba los detalles de las obras.

Jamal compró gallinas y cabras. Tenían bicicletas y una moto de gran cilindrada. Algunos de los chicos hacían footing por las mañanas en los alrededores de la casa, y por las tardes daban vueltas con la motocicleta. También jugaban al fútbol. Un vecino, ejerciendo de anfitrión de la zona, los ayudó en aquellos primeros días a descargar una nevera y una estufa, según declaró a la Guardia Civil. «Una de las veces que fui a Morata —explicó Raquel— vi que los vecinos hasta le querían. Le decían: "Jamal, ya has venido, cómo estás, y esto y lo otro"... y con ellos iba a casa de sus vecinos, "hola, ¿qué tal estáis?", "hola, que ya he venido", como cualquier vecino de cualquier casa.» Parecía un tipo sociable que trata de establecer nexos con sus vecinos, con los que es posible que alguna vez tenga que afrontar gastos en común —un asfaltado, una canalización de aguas fecales—, o ayudarse tras un robo o en una enfermedad. Tras los sucesos de Leganés, uno de los vecinos confesó que los había observado con prismáticos desde lejos. No dijo qué le motivó, si la curiosidad, la sospecha o el mero morbo de observar. Poco después, los chicos forraron la valla de un plástico verde y quedaron completamente ocultos.

Un día, antes del viaje definitivo en busca de la dinamita, visitaron la casa Trashorras y su mujer, que estaban de paso por Madrid. Jamal tenía muchas ganas de enseñarles la finca. Cuando se la hubo enseñado, les ofreció un vaso de Mecca-Cola y eso provocó una discusión sobre política y religión que llevó a Jamal, de escalón en escalón, a reclamar al-Ándalus para la nación musulmana, a protestar por el incidente militar entre España y Marruecos por el islote de Perejil (de julio de 2002), a alabar a Bin Laden y a decir que el 11-S había estado «muy bien». Cuando Carmen Toro protestó por este comentario, Jamal replicó que en Irak todos los días moría gente y que uno de los culpables era Aznar. La chica volvió a protestar y pidió que les llevara de nuevo al aeropuerto. El Chino los acompañó. Faltaba menos de un mes para el atentado, y Jamal actuaba sin ninguna precaución.

En aquellas semanas de febrero, Raquel notaba sus fuertes cambios de humor. No pasaba más de dos días seguidos con ella, cosa que no era rara en su relación, pero empezó a preocupar a los amigos que no se habían radicalizado. «En el momento en que estaba con los amigos, con los chicos o con quien fuera cambiaba radicalmente de postura y de forma de ser», dijo ella. Cuando un día Abdelilah el Chiquitín, que había cuidado de la familia cuando Jamal estuvo preso en Marruecos, llevó al piso de Jamal y Raquel un televisor, le advirtió de que Jamal había cambiado. «Me dijo: "[Raquel], le están metiendo mucha cizaña, intenta llevártelo contigo a donde sea". Le pregunté: "¿Por qué?". Y contestó que estaba con una gente que no le gustaba nada, y que no era el mismo Jamal de siempre, que estaba rarísimo, estaba enfadado todo el rato, y que había uno llamándole todo el rato que no hacía nada más que comerle la cabeza.»

Raquel empezó a notar que faltaba dinero. No entraban las «cantidades desorbitantes» de antes. Una vez, en esa época, Jamal llegó a tener dieciocho mil euros en efectivo. Le dio a Raquel unos cinco o seis mil, y le advirtió de que no gastara mucho. Cuando le preguntaba por qué, decía que las maderas para la casa de Morata eran caras.

Jamal volvió a la carnicería de Hassan Aglif poco antes de la fiesta del cordero, que se celebró el 3 de febrero. Compró seis o siete animales y los quiso vivos; dijo que los iba a matar él y a su manera. Aunque desde días atrás le anunciaba a Raquel que montarían una buena fiesta aquel día, cuando llegó la fecha la ignoró. En la fiesta sólo hubo hombres. «Estábamos esperando para ir a Morata para matar el cordero, y pasó el fin de semana y yo el domingo, muy enfadada, le llamé». La conversación, según recuerda, fue así:

—Estoy aquí metido en esta jaula.

—Ahora no me vengas a decir que estás detenido, porque no te creo.

—Yo no te he dicho que estoy detenido, te he dicho que estoy en esta jaula y quiero estar solo, y que los chicos ya han matado el cordero y ya se han ido cada uno con el cordero a su casa y no quiero saber nada de nadie.

—Ah, vale.

Raquel le colgó, harta.

Al día siguiente Jamal volvió a Madrid y siguieron discutiendo.

—Te vas a ir a la mierda, en paz me dejas tú porque no tienes palabra, y no has cumplido lo que has dicho y estoy sin dinero y sin nada para ir mañana al colegio —le gritó Raquel.

—Pues vete a robarlo, que te gusta mucho el dinero —le respondió.

Cuando se calmaron, Jamal se acercó. Raquel intentaba convencerle de que se tomara un respiro y desconectar. Es posible que en algún momento Jamal estuviera cerca de confesar lo que estaba haciendo realmente.

«Me dijo que se sentía muy presionado —recuerda Raquel—, que se sentía mal, que se ahogaba, que no podía, que había veces que le gustaría decirme muchas cosas pero que no podía. Y yo decía: "Vámonos, vámonos, ¿quieres que nos vayamos de viaje unos días? Vámonos fuera, que yo hablo en el colegio del niño, pedimos unas semanas y nos vamos y desconectas". "Es que no puedo hacer eso, es que no puedo fallar".»

Raquel interpretaba que andaba en algún negocio de droga que le exigía mucho. Jamal veía que, paso a paso, había entrado en un callejón sin salida.

El día de la fiesta del cordero, la brigada de la Unidad Central de Información Exterior que vigilaba a Sarhane tomó nota de que ya no se le veía en los lugares que frecuentaba: aparte de su domicilio, que permanecía con las persianas bajadas, Arconsa estaba cerrado y también el local de la calle Virgen del Coro, alquilado por Muhannad Almallah, estaba vacío. Dos días después, el 5 de febrero, una nota firmada por seis agentes de esta unidad lo detectaba de nuevo en su domicilio, y describía: «Observando cómo el citado Sarhane Ben Abdelmajid Fakhet llega al lugar en el vehículo Volkswagen Golf 0500-CHB, propiedad de Hicham Ahmidan..., de color azul oscuro con las lunas tintadas y acompañado por dos individuos de aspecto árabe, los cuales han permanecido unos minutos observando el vehículo, marchándose a continuación». Más tarde, las observaciones detallan cómo Sarhane y otro individuo reparan ese coche en la calle, hasta que el otro —anónimo para la UCIE— lo conduce hasta la calle Litos. En el número 12 de esta calle vivían los hermanos Oulad, casi unos guardaespaldas de Jamal. A los expertos en terrorismo islamista, los apellidos de los narcotraficantes Ahmidan y Oulad no les decían nada.

El último fin de semana de febrero, Jamal Ahmidan, Abdennabi Kounjaa y Mohamed Oulad viajaron a Asturias a cargar la dinamita que faltaba. La tarde del sábado 28 de febrero, Trashorras recogió en su casa al menor G. M. V. en el Toyota Corolla. Iba con él Jamal Ahmidan, a quien el chico había visto en Madrid semanas antes, cuando le había entregado un paquete. En un Volkswagen Golf que iba detrás viajaban Mohamed Oulad y Abdennabi Kounjaa. Fueron hasta la mina Conchita. Trashorras y Jamal entraron en el recinto. Los demás esperaron en los coches. Cuarenta y cinco minutos después volvieron y Trashorras le dijo que no olvidara las puntas y los tornillos, que estaban quince metros más adelante. Volvieron todos a Avilés y los tres árabes fueron

183

a un Carrefour, donde compraron tres mochilas, tres bolsas de deporte, tres linternas, dos pares de guantes y comida. Fueron hasta el piso de Trashorras en esa ciudad a recoger al menor, que los acompañó a la mina en un Ford Escort de Trashorras y cuya función era la de vigilar el vehículo. Varias horas más tarde volvieron. Le explicaron al chico que se habían perdido y que habían tenido que telefonear a Trashorras para orientarse. En el paraje había nevado y el frío era intenso. Eran las cinco de la madrugada. Cuando volvían de nuevo a Avilés se cruzaron con el ex minero, que acudía a buscarlos. En el garaje de Trashorras cargaron la dinamita en el Golf. Volvieron a la mina y repitieron la operación. A media mañana del domingo 29 —el año 2004 fue bisiesto— había concluido el acopio de Goma-2.

Cuando los musulmanes se fueron, Trashorras y el menor se fueron a desayunar. Los terroristas volvieron a Madrid en caravana. En el Toyota Corolla, delante, iba Jamal Ahmidan. En el Golf, cargado de dinamita —entre la utilizada en los trenes y en Leganés y la que fue recuperada en el piso había 178 kilos, y una parte se perdió en la explosión—, iban Kounjaa y Oulad. A las 12.05, según desveló la reconstrucción del tráfico telefónico, Jamal llamó a uno de los albañiles, Otman el-Gnaui, para que fuera con Rachid Oulad a su encuentro antes de llegar a Madrid. Debían encontrarse, en concreto, en Cogollos (Burgos).

En aquel trayecto se produjo uno más de los momentos trágicos en los meses y años anteriores al atentado, por lo que podría haber sido y no fue. Jamal, que abría el camino, fue interceptado por un radar por exceso de velocidad; de nuevo, y extrañamente, se comportaba de manera que ponía en riesgo toda la operación. Unos metros más adelante, una patrulla de la Guardia Civil le esperaba para multarle. El coche era robado, pero llevaba las placas de otro Toyota Corolla, de modo que la base de datos no alertó a los agentes. Tampoco les pareció sospechoso el pasaporte belga que les mostró, a nombre de Yusef Ben Salah, o que, por el contrario, en la tapa del permiso de conducción rezara «Tetuán». Los archivos informáticos de Tráfico eran distintos de los de seguridad ciudadana, de manera que, aunque hubieran tenido a Ben Salah catalogado o Ahmidan hubiera actuado con su nombre, tampoco lo habrían detectado. El tipo no llevaba la documentación completa del coche ni había pasado la inspección técnica, de modo que la multa fue triple. Jamal/Yusef pagó en efectivo pero no quiso firmar la denuncia. Para abonarla, sacó un sobre con billetes de la guantera. El agente oteó en su interior pero no le pareció que llevara mucho dinero. Le dejaron proseguir. No detectaron al Golf que iba detrás con los otros dos terroristas y el explosivo.

Otman el-Gnaui, Rachid Oulad y el convoy con la dinamita se encontraron a las 16.47 en Cogollos. En tres coches, el grupo llegó a Chinchón a las 19.53 de la tarde. La reconstrucción de su trayecto es precisa por el rastro que sus móviles dejaron en las antenas de las compañías telefónicas.

Si la guarida donde el grupo iba a almacenar la dinamita fue alquilada cuando ya casi la tenían, ni los teléfonos para montar las bombas ni los escondrijos que iban a necesitar después del atentado estuvieron a su disposición hasta menos de una semana antes. El día 3 empezaron a buscar teléfonos Mitsubishi, modelo Trium. El comando se bajó de internet las instrucciones para montar los artefactos, de mecanismo extremadamente sencillo, según las hipótesis policiales, y por ello querían ese modelo. Los Trium pueden activar un detonador industrial. Entre el 3 y el 8 de marzo, compraron nueve de esos teléfonos en una tienda regentada por indios, que además los liberaron para poder utilizar tarjetas de cualquier compañía. El día 8 compraron un décimo aparato y una cinta de vídeo digital. Mohamed Oulad compró otros cinco Trium en el Carrefour de Getafe por esas fechas. Las tarjetas usadas en las bombas —y otras usadas por miembros del comando en sus teléfonos— fueron suministradas por el locutorio del joven empresario de Lavapiés Jamal Zugam.

El rastro de las tarjetas chip desveló que todos los teléfonos que compusieron un artefacto fueron encendidos, sin efectuar ni recibir llamadas, entre las 2.24 del día 10 y la misma hora del 11 de marzo. Todos ellos fueron empleados en las bombas.

También los pisos francos donde se ocultarían después del atentado fueron buscados a toda prisa, en los últimos días. El 5 de marzo, el día en que Sarhane dirigía por última vez el rezo en la mezquita de Alonso Cano, Jamal telefoneó a la inmobiliaria Granadahidal para pedir información sobre algún piso disponible en los alrededores de Granada. El día 6, Abdennabi Kounjaa y Rachid Oulad viajaron hasta allí y pactaron el alquiler de una vivienda en Albolote —cerca de esa ciudad— por un mes. Pagaron en metálico los seiscientos euros, con un pasaporte falso, y dijeron que la querían para ir a esquiar a Sierra Nevada. Dejaron un teléfono en cuyo interior se alojaba una tarjeta chip del locutorio de Zugam.

Ese mismo día, Mohamed Belhadj, familiar de Yusef, miembro del GICM en Bélgica, contactaba con una gestoría de Leganés buscando un piso de alquiler. Dos días más tarde, él mismo y otros dos hombres se presentaron en la empresa, visitaron el piso —95 metros cuadrados, 2 baños, 3 habitaciones y comedor— y aceptaron el precio: 600 euros al mes. Pagaron, con una Visa de La Caixa, 1.800 euros, por un mes, más otro de fianza y el de comisión. El administrador les llamaría a finales de mes para entregarles una copia del contrato pero nunca le descolgaron el teléfono que le habían dado, en el que la señal acústica había sido cambiada por cánticos en árabe.

No había planes de suicidio. Buscaban dónde proseguir su carrera terrorista cuando hubieran atentado en los trenes de Atocha. Todos los indicios sugieren que el grupo había decidido iniciar una campaña, no un solo atentado; en los trenes emplearon sólo alrededor de la mitad de la dinamita que habían conseguido.

Otra vez, la Guardia Civil desperdició un aviso. El día 7 de marzo, una vecina de Chinchón llamó al número de emergencia alarmada porque en la casita se concentraba un gran número de hombres de aspecto árabe y con un coche, un Opel Astra, que le pareció sospechoso. El día 9 de marzo, a dos días del atentado, la Guardia Civil de Chinchón fue a echar un vistazo. La casa era propiedad de un detenido en la Operación Dátil y dos años antes había sido alquilada por Maimuni (que ya estaba detenido en Marruecos). Detectó el coche, anotó la matrícula y comprobó si era robado. No lo era, porque pertenecía a la suegra de Jamal. Y a dicha señora «no le constan antecedentes», diría el informe de los agentes. Con eso dieron carpetazo al asunto.

Además, los seguimientos en el entorno de Sarhane duraron hasta esas fechas. La última anotación del grupo policial que le vigilaba data del día 8 de marzo. La última nota, en concreto, especifica que su amigo Mutaz Almallah viaja con frecuencia entre Madrid y Londres, donde vive y trabaja como recaudador de la sadaka o colecta en una mezquita y dando charlas en otra, en la que trata de captar a jóvenes e integrarlos en organizaciones extremistas. Nada dice, ese día, de Sarhane.

Mientras se acercaba la fecha límite, seguían buscando dinero. La responsabilidad recaía en los líderes, Jamal y Sarhane.

En enero Sarhane había visitado a Mohamed, una de nuestras fuentes, para pedirle tres mil euros como comisión de venta de un piso, que no se había llegado a concretar. Sarhane, relató Mohamed, se había presentado en su oficina «con el pelo suelto, desaliñado y con la camisa fuera del pantalón, una cosa horrible. Le dije: "¿Qué pasa, has dormido en la calle, que ni te has lavado la cara?"». Le contestó que iba a Túnez y que llevaba toda la noche

187

haciendo maletas y preparando el viaje. Como la venta no se había concretado, Mohamed explicó que no podía pagarle. Sarhane se fue sin protestar.

La última semana buscaron dinero desesperadamente.

El 4 de marzo (algunos familiares creen que fue el día 3 y otros, el 5), Jamal visitó a su primo Abdelmalik Ahmidan en Ibiza. Fue a cobrarle una deuda, supuestamente por el tráfico de drogas que compartían. Desde allí, Jamal llamó a Trashorras por algún motivo y le dijo una frase premonitoria: «Si no nos vemos en la tierra nos veremos en el cielo».

El viernes antes de los atentados, Sarhane visitó a su cuñada, Nadia Maimuni, y a su esposo, Rachid, que vivían cerca de Madrid. Les comunicó —se dirigió al hombre— que él y su joven mujer se iban a vivir a Barcelona y que necesitaban dinero, y rápido. Para su sorpresa, les propuso venderles el coche. Le dieron quinientos euros. Al día siguiente, Sarhane les llevó el Golf. Iba acompañado de Jamal Ahmidan, con quien se fue en otro Golf, de color blanco.

No fue la única gestión de Sarhane en busca de dinero. En 1998 le había prestado 700.000 pesetas (unos 4.000 euros) a su amigo Hatem Ghanudi, al que conocía de la mezquita y quien había montado una empresa textil. Sin intereses ni prisas. Unos seis años más tarde, a comienzos de 2004, se había presentado en su casa —con aspecto desaliñado y con barba, según la descripción que encontramos en la investigación judicial— exigiéndole el pago de aquella deuda. Le había dado una semana de tiempo. Ghanudi había buscado dinero y le había hecho una transferencia a su cuenta del BBVA. El 1 de marzo, Sarhane se había vuelto a presentar en su casa porque aún faltaban 1.800 euros. El Tunecino le había dado de plazo hasta el viernes siguiente, día 5, porque iba a viajar a su país a presentar a su esposa, embarazada, a sus padres, le argumentó. El día 3, Ghanudi le había dado 1.000 euros más. Al vencer el plazo, Sarhane lo citó frente a la comisaría de la policía de Ventas para que le diera el resto, y acudió con un marroquí. Ghanudi no pudo llevar más que 300 euros.

Cuando extendió la mano con el dinero, Sarhane lo tomó y, antes de darse la vuelta, a pesar de que aún faltaban 500 euros, le dijo: «Hasta nunca».

12

De la masacre al suicidio

Luis Garrudo era conserje de una finca de la calle Infantado de Alcalá de Henares, que está muy cerca de la estación de la Renfe. Trabajaba de ocho a tres, pero el día 11 de marzo adelantó una hora su jornada porque aquella tarde debía ir a un funeral. Así, hacia las siete de la mañana se dirigió a la estación a comprar la prensa de algunos vecinos, como todos los días. De camino, se fijó en tres individuos que bajaban de una furgoneta Renault Kangoo. Se fijó porque no hacía tanto frío como para llevar gorros y pasamontañas, como aquellos tres. Le pareció que tenían un indefinido aire extranjero. Uno se puso a caminar delante de él, en la misma dirección, con una mochila y una bolsa, y los otros dos lo hicieron un instante después. Uno de ellos no llevaba nada. Los tres tipos pasaron frente a las cámaras de vigilancia de la estación, que carecía de sistema de grabación, y tomaron uno de los cuatro trenes que entre las 7.01 y las 7.14 pasaron por Alcalá.

En pocos minutos de diferencia hicieron lo mismo entre seis y diez hombres más, hasta un total de entre nueve y trece. Algunos de ellos viajaron hasta Alcalá en un Skoda Fabia que había sido robado en Alicante el septiembre anterior. Es posible que un tercer coche llevara otra parte del comando, pero nunca fue hallado. El tren que partió primero llevaba cuatro bombas, las cuatro colocadas junto a las puertas de los vagones, y el resto de los artefactos estaban situados bajo los asientos; este detalle hizo pensar a la policía que el comando lo integraban nueve hombres, y que cuatro de ellos cargaron las cuatro primeras bombas y volvieron a por cuatro más.

La policía tenía, hasta bastante avanzada la investigación, la tesis de que ni Sarhane ni Jamal estuvieron en los trenes. No creía que ninguno de ellos hubiera sido ejecutor material, porque en los momentos determinantes ambos se situaban en un segundo plano. Así lo había hecho Jamal en sus negocios con droga y así lo había hecho Sarhane en la preparación del atentado, en el curso de la cual se había dedicado esencialmente a elegir gente y a recordarle continuamente cuáles eran sus deberes religiosos, «a dar la tabarra», nos describió un policía con elevada responsabilidad en la investigación. En la sentencia judicial del caso, en cambio, Jamal y Sarhane son definidos como autores materiales.

Cada bomba estaba compuesta por unos diez kilos de dinamita, un detonador, un teléfono móvil y clavos y tornillos a modo de metralla.

Jamal Zugam subió al tren que salía de Alcalá a las 7.14 y colocó una bomba en el cuarto vagón. Un viajero le reconoció «sin ninguna duda» como el hombre que le dio un empujón cuando intentaba colocar una bolsa azul verdosa debajo del asiento. Este hombre era «moro o gitano», describiría en el juicio, y se bajó en San Fernando dejando la bolsa a bordo. Otras dos personas coincidieron en reconocerle, aunque una de ellas dijo que la bolsa era negra.

A una mujer que tomó el tren de las 7.10 en Alcalá le llamó la atención un viajero que iba demasiado abrigado. Iba vestido de trabajador y con gorro y bufanda, y era joven, moreno y guapo. Llevaba un periódico y una bolsa oscura de tela, con cremallera, con algo en su interior que parecía redondo y pesado, por sus gestos al moverla. Cambió de vagón y luego volvió y se sentó cerca de ella y de una amiga con la que viajaba. Puso la bolsa bajo el asiento, lo más al fondo que pudo. Su amiga se percató de que el joven se había bajado olvidándose lo que ella creyó que era «la comida». Pensó que podía ser una bomba pero no dijo nada. Poco después hubo una explosión en el vagón contiguo y ambas salieron corriendo alejándose de la bolsa. La chica se salvó porque su amiga la cubrió, y murió. El chico era el argelino Daud Ouhnane, que había trabajado en la casa de Chinchón como albañil. La mujer se pasó tres años buscando aquella cara por las calles de Madrid.

Diez de los artefactos explotaron entre las 7.37 y las 7.40 en cuatro puntos de la ruta hacia Madrid: en las estaciones de Santa Eugenia (entre ellos, a las 7.38, el colocado por Zugam), El Pozo del Tío Raimundo y Atocha, y a unos quinientos metros de esta estación, a la altura de la calle Téllez. Las bombas explotaron coincidiendo con la parada puntual de los convoyes en las estaciones, excepto el de Téllez, que llevaba retraso y por eso no había llegado todavía a Atocha. Esos horarios estaban en la web de Renfe, en la que la línea afectada, la del corredor del Henares, aparecía en primer lugar. Es probable que el comando eligiera su objetivo tras consultar los horarios en internet.

Tres de las bombas no estallaron. En el intento de desactivarlas, dos de ellas hicieron explosión. Sólo quedó una, que fue la que permitió desenmarañar la trama terrorista.

En Atocha murieron 34 personas; en El Pozo, 65; en Santa Eugenia, 14; frente a la calle Téllez, 63, y en los hospitales, 15. En total 191 personas, y 1.857 quedaron heridas. «Él sabe que los trenes vienen a tope porque ¿quién no ha viajado en los trenes por la mañana? Todo el mundo hemos viajado alguna vez... Y que iban a hacer muchísimo daño, porque es que son miles de personas las que vienen, y una persona así quiere hacer ese daño. Que no son asesinos, ni gente que ha matado nunca, ni gente preparada para eso. Que son personas sencillas, de familias sencillas. ¿Para qué?», se preguntaría la suegra de Jamal.

Los ex compañeros de estudios de Sarhane se preguntaron lo mismo. Varios de los trenes destruidos tenían parada en la Universidad Autónoma, donde se había bajado Sarhane durante años.

Sobre las diez y media de la mañana, el conserje de Alcalá pensó que los tres tipos que había visto acceder a la estación podían tener algo que ver en la matanza —de la que ya hablaban todos los medios de comunicación— y se lo comunicó al presidente de la escalera. Éste avisó a la policía, que comprobó de inmediato que el vehículo constaba como robado y desalojó la zona, por si había una bomba dentro.

No era así, de modo que fue llevado a la central de policía, en Canillas, donde fue inspeccionado. En la furgoneta, bajo un asiento, había una bolsa de basura con siete detonadores industriales eléctricos y un pedazo de un cartucho de dinamita. Los detonadores habían sido fabricados por la empresa Unión Española-Ensing Bickford. Era una primera pista. En el radiocasete había una cinta con caracteres árabes; contenía lecciones del Corán y fue traducida en la comisaría por un intérprete en prácticas, porque en ese momento no había otro. En el vehículo había guantes, ropa, paraguas, linternas, una agenda, una multa, otros casetes, colillas, restos de plantas que habían subido con los zapatos... Del coche se recogieron restos biológicos de cinco hombres, cuatro de ellos del comando y un quinto anónimo, 41 huellas dactilares en el interior y quince en el chasis. Para la policía, un filón. Los terroristas podían imaginar que la furgoneta sería localizada y que daría algunas pistas que seguir, así que cabe interpretar que, desde el momento de la comisión del atentado, el comando sabía que la huida sólo sería hacia delante.

Mientras en Canillas se analizaba el vehículo, Raquel recibió en el móvil una llamada de su casa. Era Jamal. No había pasado la noche del día 10 en su piso. Cuando llamó a Raquel desde el teléfono fijo del piso eran un poco pasadas las doce de la mañana. «Me pregunta qué tal estoy, y el niño, que si ha llegado del colegio —recuerda Raquel—. Le pregunto: "¿Qué haces en casa?". "Aquí estoy, pero me voy ahora"», respondió él. Raquel suponía que ese trajín, tan típico de Jamal, era el de siempre. En una conversación con su hijo, uno o dos días después del atentado, Jamal le dijo que «éstos de la ETA se han pasado».

Aquella misma noche, un comunicado enviado por correo electrónico al diario *Al-Quds al-Arabi*, editado en Londres, reivindicaba la cuádruple acción, y lo firmaban las Brigadas de Abu Hafs al-Masri. El texto justificaba una acción contra población civil: «Cuando te castigan, tienes que castigar del mismo modo a quienes te castigaron. Mátalos allí donde los encuentres; expúlsalos como ellos te expulsaron; la sedición es más grave que el asesinato. A los que cometen agresiones contra ti, debes hacerles lo mismo».

Las Brigadas de Abu Hafs al-Masri prometieron, en su último comunicado referente a las explosiones de Kerbala y Bagdad del 2 de marzo de 2004, que se preparaban para próximas operaciones.

«Hemos cumplido nuestra promesa, el escuadrón de la muerte ha conseguido penetrar en el corazón cruzado europeo, golpeando uno de los pilares de la alianza cruzada, España, con un golpe doloroso. Es parte del reglamento de un viejo ajuste de cuentas con la España cruzada, aliada de América en su guerra contra el islam. Después preguntan: ¿Dónde está América, Aznar? ... Dios Todopoderoso dice: "Aquellos que te agreden deben ser agredidos". Alejad vuestras manos de nosotros, liberad a nuestros presos y salid de nuestra tierra, os dejaremos en paz. Los pueblos aliados con Estados Unidos deben forzar a sus gobiernos a terminar esa alianza en la guerra contra el terrorismo, que significa guerra contra el islam. Si cesáis la guerra, nosotros cesaremos la nuestra... Aviso a las naciones: no os acerquéis a las instalaciones civiles o militares de los cruzados americanos ni de sus aliados. Dios es grande, Dios es grande. Ya llega el islam. Brigadas de Abu Hafs al-Masri-al-Qaeda.» Abu Hafs al-Masri era el alias de Mohamed Atef, un egipcio que había sido miembro del comité militar de al-Qaeda, considerado ideólogo del 11-S y muerto en un ataque estadounidense en Afganistán a finales de 2001. Estas brigadas habían reivindicado varios atentados y también el apagón del 14 de agosto de 2003 en la costa este de Estados Unidos, que resultó ser un error del sistema. Por eso no fue del todo convincente.

La bomba número 13 fue desmantelada la madrugada del día 12, lo que proporcionó pistas para perseguir a esas brigadas. Antes, recorrió algunos kilómetros por Madrid. La policía recogió la bolsa que la contenía pensando que pertenecía a alguna víctima. Era de lona, color azul marino, con asas de cuero marrón, de 25 centímetros de ancho y alto y 45 de largo. Agentes de la comisaría de Puente de Vallecas llenaron doce o catorce grandes macutos con bienes de las víctimas de los trenes y los llevaron a la de Villa de Vallecas, que era la más cercana, pero el jefe de guardia de esta dependencia se negó a hacerse cargo de la custodia, de manera que fueron llevadas de vuelta a la de Puente de Vallecas. De ahí, les mandaron al recinto ferial de Madrid, donde estaban las autoridades judiciales y policiales, y quedó bajo custodia. Aquella noche, una jueza ordenó que fuera enviada de nuevo a la comisaría. Varios policías comenzaron entonces a inventariar los vestigios. Sobre la 1.30 de la madrugada, una agente encontró en el fondo de una bolsa un teléfono del que salían cables. La sede policial fue desalojada y tres artificieros asumieron la misión de desmontarla. Era la última que estaba entera. La llevaron al cercano parque Azorín por si explotaba. Le hicieron una primera radiografía, que salió velada. La segunda sólo mostraba una maraña de cables; era un artefacto sin estructura lógica, explicaron los especialistas. Para minimizar los riesgos, las radiografías fueron tomadas con sólo ocho pulsos, pero a cambio eran muy poco precisas. Si las hacían con más pulsos debían usar más potencia, y eso entrañaba más posibilidades de que estallara. Cuando lograron desarmarla, tenían en las manos un móvil Mitsubishi Trium con dos agujeros en la carcasa de los que salían dos cables, de color azul y rojo, que iban a un detonador de cobre; éste acababa en una masa de 10,120 kilos de dinamita plástica amasada, con aspecto de plastilina, y también contenía 640 gramos de tornillos y clavos. En la bolsa también estaba el cargador del Trium, que le daba un macabro toque de normalidad. La bomba no explotó porque uno de los cables que partían del teléfono estaba desconectado. Y tenían, sobre todo, una tarjeta chip de Amena-Auna con el número 652282963. Tenía el despertador programado para las 7.40.

Esa tarjeta había sido suministrada por el locutorio Jawal Mundo Telecom-Nuevo Siglo, de la calle Tribulete de Lavapiés. Socio y gerente de esta empresa era Jamal Zugam. Dar con él fue muy fácil para la policía, y también con los mayoristas indios que las habían suministrado a ese negocio, y que nada tenían que ver con el atentado.

Zugam, dos de sus trabajadores y los dos mayoristas fueron detenidos a primera hora de la tarde del 13 de marzo, víspera de las elecciones.

La primera reacción de Jamal fue huir. Le dijo a Raquel que había decidido ir a Francia. Por la forma en que lo dijo, ella sospechaba que estaba despidiéndose. «¿A qué te vas a ir a Francia? —le preguntó—. Que vienen las elecciones y va a ser una movida, que vas sin documentación y sin nada.» Pero él insistió y le dio un papel con una lista de nombres de personas que le debían dinero, e instrucciones de que, si le pasaba algo a él, pidiera ayuda a Mustafá para conseguir el dinero.

«Joder, Jamal, me suena a despedida», le dijo Raquel.

197

«No es una despedida —le contestó—. Pero yo me voy *pa* Francia, y si me detienen o algo, mira lo que pasó la otra vez», dijo en referencia a cuando estuvo detenido en Francia por los papeles.

«Yo me quedé muy intranquila», concluyó ella.

En aquellas instrucciones con las que Jamal quería arreglarles la vida a su mujer y a su hijo había cuatro o cinco nombres y cantidades que sumaban alrededor de cuatrocientos mil euros. Un primo de Jamal residente en Holanda le debía más de doscientos mil. Más tarde la llamó de nuevo y le dijo que había cambiado de opinión, que no se iba a Francia. Que también tenía cosas que arreglar en Bilbao. Ese día desconectó el móvil y Raquel no pudo contactar con él.

Una llamada anónima a Telemadrid alertó, hacia las siete y media de la tarde del día 13, de una nueva reivindicación. Una voz de hombre con acento árabe anunciaba la existencia de un vídeo en una papelera, cerca de la mezquita de la M-30, en el que un hombre con el rostro cubierto, vestido al estilo árabe y con acento marroquí, anunciaba: «Nos declaramos responsables del ataque lanzado en Madrid, a dos años y medio de los atentados de Nueva York y Washington. Y esto en respuesta a vuestra colaboración con las organizaciones criminales de Bush y de sus aliados. Esto en respuesta a los crímenes que habéis cometido en el mundo y más concretamente en Irak y Afganistán, y sucederán cosas peores si Dios quiere. Amáis la vida y nosotros, la muerte, lo que es un ejemplo de lo dicho por el profeta Mahoma: si no dejáis de cometer injusticias habrá más derramamiento de sangre, y estos atentados son poco al lado de los posibles ataques que puede lanzar lo que vosotros llamáis terrorismo. Ésta es una advertencia del portavoz militar de Ansar al-Qaeda para Europa, Abu Dujan al-Afgani». El tipo era Mohamed Oulad, mano derecha del Chino en los meses anteriores.

Abu Dujana fue el más valiente de los compañeros de Mahoma. En las batallas le cubría las espaldas. Siempre llevaba un pañuelo rojo atado a la cabeza, en señal de que estaba dispuesto a morir en cualquiera de ellas. El propio Mahoma le había censurado al mostrarse como el más lanzado, aunque por otro lado lo avalaba «en situaciones como ésta», refiriéndose a las guerras. De ahí que los seguidores de la secta takfir —como Sarhane y los suyos— se consideraran, como Abu Dujana, los luchadores más rectos.

En cuanto fue interrogado, el socio de Zugam explicó a la policía que en el barrio se reunían a veces algunos radicales. La policía conocía a muchos, entre ellos a Sarhane y su cuñado, Mustafá Maimuni. Los restos de explosivo hallado en la furgoneta llevaban a Asturias, porque tenían restos de caolín, la arcilla típica de la zona. Los detonadores también acabarían llevando al mismo lugar. La tarjeta hallada con la bomba era de una serie vendida en bloque. Varias de ellas habían sido activadas en Chinchón, en la antena de Morata de Tajuña, lo que permitió unos días más tarde localizar la casa. Dos de las tarjetas habían sido captadas en el curso de un viaje de ida y vuelta a Asturias. Otra llevó a una gestoría de Leganés. Los rastros de las tarjetas se localizaron dos horas antes de que fueran borrados del sistema informático, que cada 72 horas suprime los datos. En dos días la investigación estaba encarrilada, pero el comando andaba suelto y podía volver a atentar, como había anunciado.

Las palabras de Oulad tenían varios puntos relevantes: quien hablaba era el portavoz del grupo pero no su emir, declaraba que lo que había pasado era sólo un aviso y, por último, hablaba en nombre del «ala militar» de Ansar («los partidarios») de al-Qaeda en Europa, lo que podría interpretarse como que pertenecían a un grupo asociado de algún modo a ella. Esta idea cuadraría con la tesis de la fiscalía de que el GICM había desempeñado cierto papel en el atentado. El documento que se había puesto en circulación en la red en diciembre y que advertía de que España era un enemigo por su alianza con Estados Unidos proclamaba que el futuro de Irak estaba en manos de aquellos que se pusieran el pañuelo rojo de Abu Dujana. La figura de Abu Dujana es mítica en los sectores más radicales del islam, y que se le citara no constituía por sí solo una certeza de que había vínculos con la resistencia iraquí. Pero es que también era Ansar al-Sunna quien había reivindicado el atentado contra agentes del CNI español en Irak.

Con el hombre que había vendido las tarjetas telefónicas detenido y todos los policías del país en estado de alerta, Jamal prosiguió con su vida, durante unos días, con aparente normalidad. El día de las elecciones, en plena convulsión política y social, Jamal volvió a Chinchón. Su vecino Luis, a quien alguno de los habitantes de la casa le había dicho que el Chino estaba de vacaciones, fue a interesarse por él cuando le vio por allí. Tras mencionar la tragedia de tres días antes, le preguntó si estaba bien y Jamal le dijo que él no solía viajar en tren (y, por tanto, que no era víctima potencial), pero en todo caso le dio «muchas gracias por preocuparse por nosotros». Aquella noche, el Partido Socialista ganó las elecciones, aunque las encuestas (elaboradas antes del atentado) daban una clara victoria al PP.

El día 17, el diario libanés *Al-Hayat*, con sede en Londres, recibió un fax en el que se anunciaba una tregua en los atentados porque el pueblo español había echado del poder al gobierno conservador de José María Aznar y con ello había «elegido la paz». La tregua era válida hasta que el nuevo gobierno se pronunciara sobre su compromiso de retirar las tropas de Irak.

Aquella semana, Jamal pasó dos veces por el bar Sabanda de su hermano Mustafá, donde trabajaba también su hermano Yusef, que estaba preocupado porque llevaba días sin verle. Tras prepararle un batido, éste (Mustafá no estaba) le preguntó por qué estaba tan ausente. Jamal se excusó en que estaba viviendo fuera de Madrid, en una finca que había alquilado, que allí estaba muy bien y que no le gustaba mucho ir a la ciudad. Su coartada era la vida que había imaginado a veces. Más tarde llegó Mustafá, saludó a Jamal y los tres conversaron de manera «normal». «Entonces mi hermano Mustafá le llegó a preguntar que si sabía qué había pasado en los atentados, dijo que sí, que lo había visto también en la tele, pero se mosqueó, lo vi como inocente, que no había hecho nada.» En esa misma conversación, Mustafá opinó que lo que había ocurrido en Madrid era injusto, a lo que Jamal contestó: «¿No ves a tus hermanos que están muriendo también en Irak?».

Jamal fue una segunda vez al bar, con Rachid Oulad. También estaba Mustafá. Entonces sí que hubo una despedida obvia. Le preguntaron si tenía alguna relación con los atentados y dijo que sí, pero Mustafá no le creyó. Jamal les dijo adiós y Rachid les pidió que rogasen por que no les cogieran vivos. Añadió que los causantes eran «gente del barrio».

Raquel le vio de nuevo ese mismo día. Ahora se sentía más seguro, y llevaba su doble vida sin aparente dificultad. Volvió al piso el día 18 y pasó la noche allí. Raquel recuerda que estuvo muchas horas frente al ordenador.

Desde el ordenador Jamal hizo decenas de consultas entre las 19.30 del día 18 y las 10.30 del 19. Muchas de ellas eran a medios de comunicación como *El País*, *BBC Arabic* o islam.com, y en concreto a las noticias que hablaban de las consecuencias del atentado. Tenía decenas de listas de Excel en japonés sobre ventas de móviles, del año 1998 al verano de 2003, así como fotos de japoneses, lo que sugiere que el ordenador era robado. A partir de noviembre de 2003 había consultas sobre conflictos en países islámicos, en Albania y Kosovo, así como accesos a *Al-Quds al-Arabi*. Jamal había buscado imágenes de Guantánamo en alsra.org, noticias o chats en árabe en liveislam.com, azzaman. com, islammemo.cc, almoslim.net, saaid.net, dorar.net y jazad. alJezira.com. Había buscado información sobre temas religiosos o sobre la cultura musulmana en islam-guide.com, alwazaq. com, islamicnoor.com, alrislam.com, albrhan.com, islamic-coun cil. com e islamicweb.com. Sobre la yihad, al-Qaeda o grupos asociados en alansar.biz, realitiesnews.com, alfida.jeeran.com, alserdaad.com, khadaad.net y absba.com. Sobre las víctimas musulmanas en Irak, Afganistán, Chechenia, Cachemira, Guantánamo o Pakistán en almokhtsar.com; sobre Irak en Iraqihell.250x. com y ppoopp.host.sk, y sobre Kosovo en alkhilafah.info y geo cities.com. Asimismo, entró en las páginas personales de Saad Albazzaz (saadbazzaz.com) y Mohamed Almallah (mohamed dabbas.net).

El 18 de octubre de 2003, desde el ordenador de Jamal se había accedido a la página de Al-Ansar, el mismo día que Osama Bin Laden había citado a España como objetivo de los islamistas extremistas. Unas cuatro horas antes de que estallaran las bombas, el ordenador había estado rastreando por internet, pero no se pudo saber en busca de qué porque los rastros se habían perdido. El portátil de Jamal tenía instalados juegos de guerra, y una página que visitaba a menudo era la de Pokémon.

También se recuperaron algunos documentos. Pocos, porque se habían borrado muchos de ellos intencionadamente. En el escritorio había un manual sobre armas en árabe, así como un documento sobre los métodos de interrogatorio del «enemigo sionista» y cómo estar preparado para afrontarlos. Tenía la misma fetua sobre Takfir Wal Hijra que se encontró en el portátil de Sarhane.

Las últimas búsquedas eran sobre las investigaciones de los días 18 a 20 de marzo y, en concreto, sobre los documentos que el gobierno desclasificó para avanzar en la localización de los terroristas.

Otro de los documentos hallados era algo así como una revista en la que, además de poesía islámica y una descripción del uso de armas automáticas, aparecía un artículo titulado «La guerra en las ciudades», de Abu Hajer Abdul Aziz, que describía cómo se forman y actúan las células terroristas y las responsabilidades de trabajo de cada una; existía la comandancia de lucha o grupo de liderazgo, con responsabilidades en materia de información, aprovisionamiento y ejecución. Esta comandancia recibiría las instrucciones de la «alta comandancia» de al-Qaeda a través de la «caja muerta» de las cuentas de correo electrónico, esto es, los borradores a los que tendrían acceso el emisor y el receptor de las instrucciones, donde se dejarían, sin enviarlas, para evitar que fueran interceptadas. Se supone que si el comando de Madrid recibió alguna instrucción externa, fue mediante este mecanismo.

La comandancia debe tener toda la información de las operaciones en marcha. «Por eso se les elige entre los mejores elementos dentro de la formación, y presentan al que más conocimiento tiene en las ciencias militares y el mejor en la ley islámica, eligiéndose los miembros de este grupo según su educación, su inteligencia y su conocimiento de las cosas.» «Los muyahidines —añade el tratado— necesitan un equipo de información islamista fuerte para afrontar los peligros que rodean el trabajo clandestino en las ciudades ... suelen ser cuatro personas ... y están entrenadas en seguridad e información.»

Los miembros de este grupo deben tener un «técnico de ordenadores, que pueda introducir la información y extraerla de forma adecuada, en caso de películas o documentos secretos, clasificar información sistematizada para poder hacer uso de ella con posterioridad, experto en comunicaciones, y deben poder escribir informes sacados de esa información. Lo más peligroso y lo que mata a las formaciones y las destruye son las comunicaciones». Este grupo también sería el responsable de buscar propaganda en internet para nutrir a la célula.

Para la provisión se requiere «a los que tienen experiencia en los métodos de aprovisionamiento, puesto que tienen relación

203

con la mafia u otras organizaciones de contrabandistas y dada su experiencia pueden ser muy útiles en servirte. Las obligaciones de este grupo son: suministrar todo lo que necesitan otros grupos, armamento, material, equipos, documentación, munición, casas seguras, coches, etc.».

Y, por último, está el grupo de ejecución, la fuerza de choque capaz de matar. Cuando ésta actúa, la comandancia debe estar a salvo, añade el documento.

Jamal celebró San José, día del padre, el día 19, como si nada hubiera ocurrido. «Se levanta por la mañana, dice de ir a un restaurante, yo insisto en que no, que vamos a la finca, que están las motos ahí, que lo pasamos bien», recordó Raquel.

Jamal se fue a comprar carne a las tiendas cercanas a la mezquita de la M-30 y se fueron a Morata. El padre de Raquel acudió desde su casa y les encontró allí. Todos merendaron juntos, en un ambiente relajado y alegre.

La madre de Raquel no fue, pero recuerda que prepararon una paella y que los vecinos pasaron a saludarles, le contó su ex esposo. Lo recogieron todo y volvieron a Madrid sobre las seis de la tarde. Jamal hacía de chófer. «Él los fue trayendo a todos y luego ya se fue y ya está —recordó la madre de Raquel—. Son cosas que no entiendes. Le vi totalmente normal, por eso a mí... bueno, hay que aceptar las cosas. Se supone que la investigación es así, que la han hecho bien. Que verdaderamente son los culpables, pero son cosas difíciles de hacer. Yo les veía gente paleta, gente no preparada para nada de eso, eso fue un golpe tan duro, tan fuerte, tan bien hecho, que como que no, como que no. Yo sé que mucha gente que había allí no sabía ni escribir.»

Ese día, 19 de marzo, fue el último en que Raquel vio a Jamal con normalidad. Aquel día le había hablado de un piso que habían alquilado en Leganés algunos de «los chicos», sus amigos, porque en la celebración del día del padre, en Chinchón, no estaba la vajilla que había llevado allí meses atrás porque se la habían llevado al piso nuevo. Raquel no le dio más importancia que la de que alguien cercano a su marido había encontrado un lugar para vivir. No le indujo a pensar en guaridas o refugios. Si Jamal hubiera sido un fanático religioso, a esas alturas ella probablemente ya habría sospechado algo. Pero si intuía que Jamal estaba haciendo algo ilegal, pensaba en drogas. Con ese punto de fuga para las sospechas hacia su marido, su participación en el atentado le pasó absolutamente inadvertida.

«Jamal —valoró la fuente policial— era una persona que nunca intervenía en operaciones de trafico, él siempre se mantenía al margen, nunca intervenía directamente y siempre mostraba unas medidas de seguridad muy severas. Sin embargo, después de los atentados él acude a su casa, él acude a su domicilio, él pasa el día del padre con su mujer, con su hijo, les lleva incluso a la finca a pasarlo allí.» Según la policía, Jamal se sabía vigilado el día 20, por la presencia policial alrededor del piso. Pero seguía hablando por teléfono con su mujer y seguía cerca de su familia, rompiendo con el comportamiento que como delincuente era habitual en él. El policía tiene la sensación de que o no le importaba o sabía que tenía los días contados. «Yo creo que él en cierto momento asume que se va a llegar a él, o que se ha llegado a él por ese tema.»

La policía le tenía identificado como sospechoso. Al recordar sus arrebatos de religiosidad y su agresividad, su ex socio Hamid, el traficante culto, tuvo una corazonada y, probablemente temiendo verse vinculado de alguna forma con la matanza, acudió a la policía. No tenían nada sobre Jamal Ahmidan ni sabían quién era el Chino. Pusieron a Hamid a mirar fotos de delincuentes habituales hasta que dio con la foto de Jamal, de su detención en el CIE en el año 2000, con el nombre falso de Said Tlidni. A partir de allí empezaron a descubrir sus múltiples identidades falsas. Su familia empezó a notar muy cerca la presencia de la policía.

Cuando Raquel avisó a Jamal de que la policía le perseguía, su primera reacción fue la de reírse y, acto seguido, intentar calmarla. «Yo no estoy tranquila —le dijo Raquel—, porque la policía lleva ya dos días a la puerta de casa». Entonces Raquel notó que se asustaba. «Ya ve que nos están siguiendo a Mustafá, a mí, a todo el mundo, él como que ya se empieza a agobiar. Digo: "Vete corriendo, vete corriendo", pero yo todavía sin imaginar nada, pensando que se había metido en algún problema de hachís o de droga o un ajuste de cuentas. Yo ahí creo que Mustafá ya sospechaba algo, después de que la policía estuviera en Marruecos ahí ya Mustafá... Lo que pasa es que él tampoco quería decirme nada a mí.»

A partir de ese momento Jamal huyó. El día 20 le pidió a su primo Hicham que fuera a su casa a buscarle ropa, que se la pidiera a Raquel y se la llevara junto al campo del Rayo Vallecano. Ese día fue arrestada Naima Oulad, hermana de Rachid y Mohamed.

Raquel y Jamal se despidieron el 24 o 25 de marzo, uno o dos días antes de la detención de ella. «Me saca a la calle y me dice que no voy a volver a verle más, que cuide mucho del niño, que siga mi vida, que lo estaba haciendo muy bien, y que siempre estará con nosotros», recuerda Raquel de la conversación.

«Jamal, no me hables así, que cómo que no voy a volver a verte más —dijo ella—. Venga, te ayudo a huir, ¿qué has hecho?, vamos, que te acompaño, que te disfrazo, nos vamos a ir, nos vamos a otro país.» Jamal le contestó que no había «nada que hacer». Raquel pensaba que era por la huida del Centro de Inmigrantes en el año 2000. «Joder, si es por la búsqueda y captura cómo me dice que no lo voy a ver más», reflexionó ella, sin creer que una huida de un centro de detención fuera causa suficiente para no volver a verse.

«Yo todavía le escribí una carta, para que se la dieran a él, antes de que me cogiera a mí la policía, en la que decía: "Cariño, tú no te preocupes, que todo saldrá bien, si éstos como te odian te quieren hacer la vida imposible, tú no te preocupes, que tal, que cual, yo que tú me presentaba...", todavía le hablaba de la búsqueda y captura, porque él me decía a mí que era por la búsqueda y captura, por lo del internamiento de extranjería.»

No se volvieron a ver.

Raquel fue detenida el día 26 de marzo. Por determinadas preguntas de la policía, comenzó a entender en qué se había metido su marido. «Cuando registraron mi casa de Villalobos —nos contó, todavía perpleja—, yo creía que estaban buscando drogas. A mí, hasta que no me llevan a la comisaría, a Canillejas, no me entero de lo que pasa, y me entero porque me dijeron: "Se te va a caer el pelo, te vas a comer tres mil años de cárcel". Ésta fue la primera vez que me entero. "¿Tres mil años?" "Sí, veinte años por cada asesinato." "A ver, pero ¿de qué me estáis hablando?" "Sí, sí, hazte la tonta, a ver dónde está el moro escondido." O sea, es que yo no sabía de qué me estaban hablando, claro.» «Yo no me lo creía cuando me interrogó la policía. Cuando realmente me lo creí fue cuando hablé con el juez Del Olmo, y tardé días en asimilarlo todavía. Después de ese día a mí me hacen desparecer de Madrid, porque tienen miedo de que él venga a secuestrarnos al niño y a mí para luego salir de España. Que yo sabía que eso nunca lo iba a hacer porque, además, a mí me había dicho que nunca nos íbamos a volver a ver.» Esos días Raquel hablaba constantemente con el juez de la Audiencia Nacional Juan del Olmo, que había iniciado la instrucción del atentado. «Yo después de que volara él por los aires fue cuando realmente empecé a ser consciente. Pero yo no me creía nada de lo que estaban contando. Hasta que no hablé con la fiscal y con el juez yo no me creía nada.»

Ese día, Rachid Oulad buscó datos de sinagogas en Madrid.

Por la noche, Jamal grabó un vídeo —la cámara dejó constancia de la hora de registro, las 0.05 del 27 de marzo— como líder del comando. Aparecía flanqueado por Mohamed Oulad —a su izquierda— y por Abdennabi Kounjaa, los tres cubiertos por túnicas blancas sobre las que llevaban chalecos con cartuchos de explosivos, exhibiendo un fusil Sterling y el Corán, siguiendo la simbología de los califas y de los príncipes musulmanes, y con una escenografía similar a la de los vídeos grabados por terroristas que circulan por internet. Situada detrás de los terroristas, a modo de estandarte, una tela verde rectangular rezaba en árabe: «No hay más que Dios; Dios es único y Mahoma es su profeta».

Este vídeo no se llegó a entregar, sino que fue encontrado entre los escombros del piso tras suicidarse el grupo. La voz de Jamal fue reconocida por siete personas.

Jamal ejercía en él de emir y líder, con un mensaje que quería aterrorizar. La huida hacia delante era imparable. La policía vio en esa reivindicación un cumplimiento sistemático de las ideas y la estrategia del documento sobre la yihad iraquí atribuido a al-Qaeda y publicado en internet en diciembre.

A diferencia de otros mensajes del grupo, en éste Jamal no dice hablar en nombre de nadie. Él ejerce de jefe de una autodenominada «célula al-Ándalus». Parece que, una vez asumido que no hay vuelta atrás, Jamal avanza. No hay retorno. Trata de justificarse frente a quienes han sido detenidos «injustamente» por el 11-M —Raquel, que fue liberada, y Naima, que había ingresado en prisión preventiva el día 24, entre otros— y advierte de que el anuncio de envío de tropas a Afganistán insta al comando a proseguir con su actividad.

El vídeo que se grabó la medianoche del 27 de marzo decía:

En nombre de Alá, el Clemente y Misericordioso. Dirigimos nuestras plegarias a Alá y atendemos su voluntad. Él protege a sus siervos, y venció el solo a los ahzab [«partidos»]. Paz y bendición hasta el último de los mensajeros puros, nuestro profeta Mahoma (Dios le bendiga y le salve). Después de que el jefe del ejército anunciase que la situación no ha cambiado y después de que vuestro jefe declarase, al inaugurar su mandato, que la lucha contra los musulmanes seguirá y que se enviarán más tropas cruzadas a Afganistán, las Compañías de la Muerte y Ansar al-Qaeda han adoptado la resolución de continuar en el camino de la yihad santa y de resistir a todo [lo que hagan] en nombre de la lucha contra el terrorismo. Por este motivo la célula de al-Ándalus ha decidido no retirarse hasta que las tropas españolas se retiren del territorio musulmán sin condiciones. Si no lo hacéis en el plazo de una semana a partir de hoy, continuaremos nuestra yihad hasta el martirio en la tierra de Tarek Ben Ziyad. Sabed que no tenéis salida y sabed que Bush y su administración no traerán más que destrucción. Os mataremos en cualquier lugar y en cualquier momento. No hay diferencias entre civiles y militares; nuestros inocentes mueren por miles en Afganistán e Irak. ¿Acaso vuestra sangre vale más que la nuestra? No tendremos piedad con vuestra gente, os atacaremos, llevaremos la guerra a vuestras casas y no podréis dormir tranquilos. Actuamos correctamente: "Agredid a quien os agreda, del mismo modo que os han agredido". Quiero dirigir unas palabras a todos los que han sufrido injusticia o agresión bajo la acusación de participar en las operaciones del 11 de marzo. Vosotros no habéis seguido el dictamen del hadiz (el relato de la vida del Profeta) de Mahoma (Alá le bendiga y le salve), el que se ha lavado las manos de los musulmanes que conviven con los politeístas. Conocéis la cruzada española contra los musulmanes, la expulsión de al-Ándalus, y los tribunales de la Inquisición no están lejos. Sentimos la injusticia que soportáis, pero nuestra yihad está por encima de todo, porque nuestros hermanos son asesinados y degollados en todo el mundo. ¡Sangre por sangre! ¡Destrucción por destrucción! ¡Alá!

El grupo preparó otro atentado que no llegó a cometer. El viernes 2 de abril se descubrió bajo uno de los raíles del tren de alta velocidad Madrid-Sevilla, a la altura de Mocejón (Toledo), una bomba compuesta de los mismos materiales que las de los trenes de Atocha: doce kilos de dinamita Goma-2 ECO y un detonador de aluminio igual que dos de los encontrados en la Renault Kangoo de Alcalá de Henares, dentro de una bolsa del supermercado Lidl, una cadena alemana. Sobre esta bolsa estaban las huellas de Asrih Rifaat. El artefacto tenía 137 metros de cable, para detonarlo a distancia. En el punto donde estaba la bomba, el ferrocarril circula a unos 300 kilómetros por hora y con unas trescientas cincuenta personas de ocupación media. El miembro del grupo Allekema Lamari había comentado ante sus allegados sus deseos de atentar en España con el método del descarrilamiento de trenes.

La investigación avanzaba rápidamente. El inspector de policía Gómez Menor detectó, en una lista de numeros de teléfono, que uno de ellos sólo se llevaba doce de diferencia con uno de los que habían sido activados en Chinchón la noche anterior a los atentados. Este número se había cruzado con los de dos personas vinculadas al islamismo radical. Una de ellas era Said Berraj, que se había marchado de Madrid tres días antes del 11-M. Tras pasar unos días en Málaga en casa de su cuñado, estaba posiblemente camino de Irak. Otra de las llamadas que tenía aquel número era de un tal Fernández que trabajaba en una inmobiliaria de Leganés. Este hombre fue localizado el sábado día 3 por la mañana y explicó que había alquilado a unos árabes un piso en la calle Carmen Martín Gaite de esta ciudad. Marcó el número que le habían dejado, pero no contestaban; como tono de llamada se habían preocupado de instalar cánticos en árabe, como quien se pone una canción de U2 o el himno de su club. Fernández y la policía pasaron ante el piso, donde vieron a gente. Gómez Menor llamó a su superior, el comisario jefe de la Unidad Central de Información Exterior, Mariano Rayón, a las 15.11 del día 3 de abril para comunicarle que le parecía que estaban sobre la pista buena. Inmediatamente, la policía desplegó un equipo de vigilancia alrededor del piso.

Hacia las 16.00, un joven moreno, de ojos rasgados y labios gruesos, se acercó al contenedor de basura con una bolsa. La dejó en el suelo pero no volvió al piso, sino que gritó a los que estaban dentro, al sospechar de algunos hombres que le parecieron policías, y se fue por otra calle, corriendo. El agente que fue tras él le duró sólo unos pocos metros porque se trataba del atleta Abdelmajid Buchar. No pudo seguirle. Los que estaban en la casa oyeron la alarma de Buchar y comenzaron a disparar. Cuando pararon, se oyeron indefinibles cánticos en árabe.

El bloque fue rodeado por decenas de agentes de policía. El comando del 11-M estaba allí dentro. Los vecinos fueron desalojados.

Hacia las 17.45 se envió al Grupo Especial de Operaciones (GEO) de la policía, con base en Guadalajara. Dentro del piso, aproximadamente a esa hora, Sarhane Ben Abdelmajid llamó a su madre a Túnez para despedirse. Había decidido quitarse la vida antes que caer detenido por la policía española. Lleno de odio hasta el final, dijo que matarían a más de sus enemigos en el acto. Su madre informó a la policía tunecina, que alertó inmediatamente a la policía española.

Abdennabi Kounjaa llamó a su hermano Abdelkader. «Voy a encontrarme con Dios.» Le dijo que estaba en un piso de Leganés rodeado por la policía. Abdelkader llamó a la policía para alertar de lo que pasaba, de que se iban a inmolar, y les dijo que a Abdennabi alguien le había «comido el coco».

También los Oulad y Jamal decidieron llamar a sus familias a Marruecos.

Jamal habló con su madre, Rahma, que inmediatamente llamó a Yusef, a Madrid. Yusef se quedó estupefacto. Sabía por la televisión que la policía había cercado a unos presuntos terroristas en Leganés. Su madre le dijo que Jamal estaba rodeado por la policía en un edificio y que sabían que eran los autores de la matanza. Le dijo que Jamal debía salir del edificio, pero no pudo hablar más y se desmayó. «Eso fue lo único que dijo», recuerda Yusef. No sabía qué hacer. Mustafá, que estaba con él, tampoco. Los dos se abrazaron, llorando. «Para mí fue increíble, algo anormal de que pase esto, de lo que mi hermano ha hecho... No era una situación normal para cualquier persona. O sea, él había llamado para decir a mi madre que él está pidiendo perdón, perdón para toda la familia, que él tenía que hacerlo si era capaz de hacerlo, y prefiere ganar el paraíso que vivir en esta vida. Que despida a la familia, que despida a todos, fueron cuatro frases que dijo.» Tras la conmoción inicial, llamaron a la policía para comunicarle que Jamal estaba allí, en el piso de Leganés. «Lo que nos importaba es que esté bien, aunque solamente para que sepamos por qué tanto ... por qué se metió en estos extremos, no sé, que lo queríamos vivo, no lo queríamos muerto.»

El liderazgo de Sarhane se imponía. «En la segunda reivindicación que se prepara —analizó el investigador— se vuelve a ver que Sarhane está por encima de esa manipulación [el vídeo anterior de Jamal].» Sarhane redactó el último comunicado de su puño y letra. Según el policía, Sarhane utilizaba su papel ideológico preponderante para aprovecharse de «esa figura potencial de irse adelante» de Jamal. «Y a Jamal le viene bien porque encuentra en ese referente lo que él anda buscando y le proporciona esa carga para llevar adelante a la gente y su idea», nos dijo. El equilibrio de poderes entre los dos es ahora imposible de reconstruir con exactitud, pero los comunicados sugieren que al final fue Sarhane quien tuvo la última palabra.

El comando envió un fax al diario *ABC* de Madrid a las seis de la tarde. En él exigía la retirada de las tropas de Irak y aseguraba que el AVE no había volado por los aires en Toledo simplemente porque no habían querido. Sin embargo, daba un día de plazo para que se cumplieran sus exigencias, a pesar de lo que habían grabado en vídeo el día 27, en el que el Chino daba un mes. Este fax llevaba la grafía nítida de Sarhane, la autoridad religiosa del grupo. Tras unas citas del Corán, decía:

> Gracias a Dios, que nunca falta en su promesa. Que después de que el gobierno español ha continuado con su injusticia y su enemistad contra los musulmanes enviando tropas a Irak y a Afganistán. Que después de haberos demostrado nuestro poder al golpearos de nuevo tras el 11 de marzo bendito, cuando pusimos los explosivos en las vías del tren del AVE cerca de Toledo, teniendo la posibilidad de hacer explotar los trenes que pasaban por ahí la tarde del pasado jueves y la mañana del viernes y no lo hicimos puesto que nuestro objetivo sólo era el de advertiros e informaros de que podemos con la ayuda de Dios cuando queramos y como deseemos. Informamos, La Brigada de la Muerte, de la finalización de la tregua el mediodía del próximo domingo 04-04-04 para que consideren nuestras legítimas reivindicaciones, que son las siguientes: la total e inmediata retirada de los soldados de Afganistán e Irak así como el compromiso de no volver; dejar de pactar con los enemigos del pueblo musulmán, que son Estados Unidos y sus aliados. Si no cumplís, que esté la tristeza entre nosotros y vosotros. Lo juramos por Dios, el más alto y más fuerte, enviamos nuestro país al infierno y que corra vuestra sangre como ríos. Ésta es la última advertencia al pueblo español y a su gobierno. Que Dios nos ayude con su victoria; Dios es el más fuerte y el más querido. Un saludo para los que sigan el buen camino.

Lo firmaba de nuevo Abu Dujan al-Afgani, del Grupo de los defensores de al-Qaeda en Europa.

Pero el fax no fue descubierto en la redacción del diario hasta las seis de la tarde del día siguiente, domingo 4.

Un primer grupo de diez geos llegó a Leganés a las siete; otros cinco se unieron algo más tarde. La policía sopesó asaltar la vivienda desde el piso contiguo, que casualmente era de un policía, pero lo descartó cuando los servicios secretos de Túnez y Marruecos informaron de que Sarhane y los Oulad habían telefoneado para despedirse, según habían comunicado las familias a sus servicios policiales. Jamal no había llamado todavía. La policía pensaba que en la vivienda había entre tres y cinco terroristas, aunque eran siete.

Hacia las ocho y media de la tarde, los GEO cortaron el agua y el gas del edificio e instaron desde abajo a los terroristas a que se entregaran. Para ello, decidieron obligarles a salir. Los GEO subieron hasta el tramo de escalera anterior al rellano de la vivienda y derribaron la puerta con una pequeña carga explosiva. Durante dos o tres minutos, los GEO exigieron a los atrincherados que salieran del piso. La respuesta fue: «Entrad, mamones».

Dentro del piso, Lamari y Mohamed Oulad se habían colocado cinturones explosivos de dinamita, y además habían montado un artefacto de unos veinte kilos de dinamita.

Hacia las nueve de la noche, el cuerpo especial lanzó gas lacrimógeno dentro del piso. Instantes después el piso explotó, lo que causó la muerte del subinspector de los GEO Javier Torronteras, que estaba el primero en la columna de asalto, y de los siete ocupantes del piso: Sarhane Ben Abdelmajid, Jamal Ahmidan, Mohamed y Rachid Oulad, Abdennabi Kounjaa, Asrih Rifaat y Allekema Lamari.

Un poco antes, Yusef Ahmidan había llamado a la policía para decir que su hermano Jamal estaba dentro. «Cuando ya nos llevaron a la comisaría a tomar declaración a mí y a mi hermano y ahí nos comunican que el piso había estallado y que había explotado una bomba y que ya están todos muertos», explicó.

«Si alguien toma esa decisión —apuntó la fuente policial— sólo podía ser Sarhane, ideológicamente él tenía la justificación para llevarla a cabo. Yo creo que él asume en ese momento su liderazgo y toma esa decisión, porque él en todo momento es consciente de que lleva las riendas.»

El cuerpo de Asrih Rifaat apareció detrás de una cama, como si hubiera tratado de protegerse. «No todos los que están en ese piso —opinó el policía— aceptan esa decisión e incluso hay algunos que intentan escapar o no verse arrastrados en ella.» Sin embargo, otras fuentes policiales de la investigación sugerían que esa composición tras la explosión pudo deberse simplemente a la onda expansiva, y no a un deseo de salvarse.

La explosión dispersó cientos de objetos. Se necesitaron tres días para recogerlos. Había 594 envoltorios o fajas de dinamita; 238 detonadores; 14 bolsas vacías de Goma-2 ECO de 5 kilos y algo más de 17 kilos de explosivo, que estaba amasado y cebado, es decir, con el detonador a punto; 2 subfusiles Sterling MK2; 2 cargadores; parte de la empuñadura de una pistola semiautomática de pequeño calibre; 3 cartuchos; 1 silenciador; 1 pistola Astra (cuyo estuche había sido encontrado previamente en casa de Jamal); una decena de documentos de identidad, algunos de ellos falsos, con fotos de miembros del comando; libros de contenido religioso; vídeos, entre ellos algunos sobre campamentos de al-Qaeda y sobre Ansar al-Sunna, y en concreto uno sobre el atentado contra los miembros del CNI español en Irak el 29 de noviembre de 2003; croquis, dibujos y direcciones sobre lugares de culto judío en España; borradores de los comunicados y reivindicaciones de los atentados, así como un escrito en el que anunciaban nuevos atentados y otro sobre la colocación de la bomba en el AVE.

Apareció, también, el ordenador de Sarhane. «Lo que buscaban en internet —analizó el agente que coordinó la investigación— eran las referencias que ya tenían, es decir, a Osama Bin Laden, referencias a Abu Qutada y a movimientos como Salafia Yihadia. Estaban muy interesados en la búsqueda de textos directos o vinculaciones con Fizazi, y luego vínculos directos al pensamiento takfir, Abdelkader Allafi, un pensador básico de esta idea. Ése era el contexto de pensamiento en el que ellos se movían. No apareció nada ajeno a ese conglomerado y todo tiene su explicación. Es decir, las referencias a OBL y Abu Qutada está claro que venían del contexto de la célula de Abu Dadah y los hermanos Almallah. Ese pensamiento, esa línea de pensamiento, esa difusión viene claramente de ahí.»

El ordenador que utilizaba Sarhane era un Toshiba que estaba repleto de archivos de contenido doctrinal, de proselitismo yihadista y algunos de corte militar. Se rescataron los textos «Rasgos en el camino», del egipcio Sayyid Qutb, ideólogo de los Hermanos Musulmanes y de la doctrina takfir; una fetua de 36 páginas titulada «Necesidad u obligación de emigrar de la tierra de los no creyentes a la tierra del islam», del jeque Abdul Aziz Bin Saleh al-Jarbuk, alias Abdul Kader Abdul Aziz, así como otro texto de este autor, fechado el 28 de noviembre de 2003, bajo el título «Todos los sistemas de gobierno no islámicos son kufar». Había un texto de Abi Mohamed al-Maksidi acerca de la no pertenencia del gobierno de Arabia Saudí a la comunidad de creyentes, y otro titulado «El terrorismo: su significado y la situación desde el punto de vista islámico», de Abdul Munem, Mustafá Halima y Abu Basir, extraído de abubasseer.com y en el que se sostiene que hay dos tipos de terrorismo, el bueno y el malo, esto es, el que ataca a los seres malignos para la humanidad y el que practican Israel y Estados Unidos; las Naciones Unidas, en este contexto, no pueden definir lo que es terrorismo porque sólo son válidas las leyes de Alá a través del Corán. Otros archivos contenían análisis sobre la emigración, sobre la preparación para la yihad, un vídeo sobre el aniversario de los ataques del 11-S y otros titulados «Introducción a la cultura militar», «El gatillo para iniciar la yihad», «Cómo prepararse para la yihad» y «Los objetivos de la yihad». Este último era del clérigo jordano Abu Qutada. Uno era el «Comentario sobre los musulmanes en Asia Central», un estudio de los musulmanes en esa zona tras la caída del comunismo y la URSS, procedente de las webs tawhed.ws, almaqdese.com, al-sunnah.info e islamlink.cjb.net. Había asimismo rastro de accesos a páginas web de contenido yihadista como jehad.net, aparte de las citadas.

En un módulo de memoria de gran capacidad había decenas de archivos con textos de contenido religioso sobre la yihad. Muchos de ellos procedían de Global Islamic Media, sobre las tres fases de formación de los yihadistas: la religiosa, la de seguridad y la militar. También había documentos en árabe sobre la movilización, reclutamiento, adoctrinamiento, formas y fórmulas para la elaboración de explosivos, la adopción de medidas de seguridad o instrucciones para afrontar una detención. En una de estas memorias estaban almacenados el manual, copiado de Global Islamic Media, en que se ofrecen instrucciones para fabricar el explosivo que se utilizó en los atentados de Casablanca, así como datos sobre centros judíos en España.

Más tarde se encontró también una carta de despedida de uno de los suicidas, Abdennabi Kounjaa, con palabras dirigidas a su madre, su padre, sus hermanos y hermanas, su mujer y sus hijas:

Tenéis que llorar por vosotros mismos y arrepentiros por la oportunidad que habéis perdido, ya que ninguno de vosotros ha tenido el mérito de animarme a unirme al camino de la yihad. Al contrario, os habéis puesto en contra de mis pensamientos y de mi deseo. Yo me he sacrificado partiendo de mi total convicción. Asimismo, porque la yihad es una obligación [de la religión]. Si vosotros os preguntáis por qué, entonces tendréis que volver a los Dichos del Profeta (Dios reza por su alma) para leerlos, y así sabréis por qué la yihad es una obligación para los creyentes.

... Juro por Alá que no soporto vivir en este mundo, humillado y débil ante los ojos de los infieles y los tiranos. Y tengo miedo de que Dios me pida cuentas aquel Día [del juicio final], cuando no me valgan ni el dinero ni los hijos. Tampoco tendré una excusa legítima para que me perdone ...

Así, doy gracias a Dios porque me llevara a este camino. Si Dios me predestina a la cárcel, os diré lo mismo que dijo el Shaykh Ibn Taimiyya: «¿Qué podrán hacer conmigo mis enemigos? Si me encarcelan será para mí un retiro, si me destierran será un viaje, y si me matan seré mártir».

Para mi mujer:

Tu marido ha vivido añorando este cometido, así doy gracias a Dios por haberme orientado por este camino. Te quiero decir que no hace falta que vengas a España. Agradece a Dios que estás bien con tu familia. Sería ilícito que vinieras. Cuida a tus hijos, enséñales el Libro de Dios y la Sunna del Profeta de Alá (Dios reza por su alma) hasta que encuentres a tu Dios. Que sepas con certeza que yo he dejado a mis hijos no por deseo mío, sino por cumplir una orden de Dios, el Todopoderoso y Altísimo.

... Para mis hijas:

Vuestro padre ha sido hombre de valores morales, y siempre ha pensado en la yihad. Los demás querían intimidarme con el sufrimiento y la cárcel. No obstante, gracias a Dios, Él me guió para llevar a cabo aquel cometido. Os pido que seáis devotas a Dios y que sigáis a nuestros hermanos, los muyahidines, allí donde estén, tal vez forméis parte de ellos. Ésta es la esperanza que yo deposito en vosotras, ya que la religión triunfa por la sangre y los sacrificios. No os aferréis mucho a esta vida. Que la paz esté con vosotras.

Vuestro padre, Abdulá (alias de Abdennabi Kounjaa).

... Para mis hermanos en el Camino de Alá, en cualquier lugar: Mucha gente toma la vida como camino para la muerte. Yo he elegido la muerte como camino para la vida. Tenéis que aferraros al islam, de palabra y de acto, como actividad y yihad. El islam no se reduce a unas cuantas oraciones en la mezquita, tal y como algunos piensan, sino que es una religión que lo abarca todo. Absteneos de seguir los extravíos de Satán, de humillaros y de creer en las falacias de los déspotas, de modo que el mundo entero, tanto en Oriente como en Occidente, se está riendo de vosotros. Maldecid a los tiranos y combatidlos con todo lo que tenéis de fuerza, junto con sus lacayos, los ... de los seres humanos.

Que la maldición de Alá caiga sobre los injustos.

El mismo día de la inmolación colectiva, la mujer de Sarhane, Hanane Maimuni, llamó a su hermana Nadia, según constaba en su declaración, en el tomo 102 del sumario. Quería saber si las noticias que había oído eran ciertas, si Sarhane era de los que habían muerto en el piso, como parecía, y dijo que si era así se iría a Barcelona. Poco después se fue a Túnez, según dedujo Nadia por el prefijo que aparecía en su móvil un día que la llamó. Pero nunca más pudo contactar con ella, porque le colgaba cuando lo intentaba.

Tras la explosión, Raquel pensó: «"Éste se ha escapado y en cualquier momento me llama, que estoy en no sé dónde", y hasta que el juez finalmente no me confirma que han hecho las pruebas de ADN y que uno de los cuerpos es el suyo, y luego me llama la policía y me dice que el cuerpo estaba hecho pedazos, y aun así me lo seguía sin creer. Y hay todavía veces que no me lo puedo creer. No me lo quería creer».

219

«Después de lo que pasó —dijo Yusef—, hay muchos sentimientos, hay algunos que se sienten mal porque al fin y al cabo eso lo paga la familia; porque señalan a la familia en conjunto, llegan artículos en los medios de comunicación, hablan mal de toda la familia, uno se siente herido, se siente mal cuando le llegan los comentarios y lo que se dice; uno se siente muy mal a raíz de estos comentarios pero no, yo no, sé que él ha causado mucho daño y ha hecho mucha... ha matado, ha dejado muchos heridos, muchas víctimas, y qué quieres que te diga, yo también soy víctima de esto, de lo que está pasando, porque también lo estoy pasando muy mal, me están pasando una serie de cosas que no soy capaz de superar. En cualquier ámbito: en el trabajo, en los estudios, en la vida social, yo soy su hermano.»

Como los familiares de las víctimas mortales y de los heridos de los trenes, los familiares de Jamal también necesitaron tratamiento psicológico.

«Ojalá lo hubiera sabido —se lamentó Raquel, en la conclusión de nuestra entrevista—. ¿Sabes lo que más me ha podido? El sentimiento de culpa. De decir: "Estaba tan ciega... delante de tus narices y no pude evitarlo". Y por otro lado, y si lo hubiera sabido, ¿habría sido capaz de denunciarle? Y creo que por eso nos resguardó al niño y a mí, de que no supiéramos nada.»

Un mes después de la inmolación colectiva de Leganés nació el hijo de Sarhane.

Epílogos

UNA MAÑANA EN LOS TRENES DE MADRID,
POR IGNACIO OROVIO

A las 7.55 del 11 de marzo de 2004 dormía en mi piso de la calle Ave María de Lavapiés con el teléfono móvil en la mesilla de noche, que además de ejercer como despertador me mantenía siempre localizado. En aquella época trabajaba en la delegación de *La Vanguardia* en Madrid como corresponsal judicial, básicamente en la Audiencia Nacional, que es la instancia que se encarga de los crímenes más complejos, como terrorismo, grandes estafas o tráfico de armas.

El 80 o 90 por ciento de los sumarios de terrorismo que se abrían en la Audiencia Nacional se referían a la organización terrorista vasca ETA, aunque de vez en cuando la policía detenía a grupos de presuntos terroristas islamistas o surgía algún dato sobre la supuesta intervención de extremistas en los preparativos de los atentados del 11-S. Mohamed Atta, el líder de aquella matanza, estuvo en Tarragona en las semanas previas al atentado, aún no se sabe exactamente para qué. En cualquier caso, en aquel momento ETA mantenía el pulso bajo. No había cometido un atentado

221

con muertos desde hacía casi un año, aunque no había dejado de actuar; con el tiempo se supo que en esos momentos negociaba secretamente con los socialistas vascos un final digno, lo que en el imaginario de ETA significaba lograr algún cambio en la estructura territorial y política de España. La última Navidad había tratado de sembrar de mochilas bomba la estación de esquí de Baqueira-Beret porque allí esquía la *jet set* española, incluida la familia real. La policía halló rastros de doce pequeñas bombas en el lugar, con las que probablemente no se pretendía causar una matanza sino un caos de esquiadores.

Mucho más preocupante era que, en los días previos a aquella mañana del 11 de marzo de 2004, ETA había intentado otras dos acciones: el 29 de febrero eran detenidos en Cañaveras, Cuenca, a unos doscientos kilómetros de Madrid, dos terroristas con una furgoneta que transportaba quinientos kilos de explosivo, que al parecer querían activar de madrugada en un polígono industrial de Madrid; por otro lado, habían colocado mochilas bomba en un tren que unía Irún, en la frontera con Francia, con la estación madrileña de Chamartín. Los terroristas habían colocado un reproductor de casete con una cinta grabada en la que alertaban de las bombas en los vagones, que debía dispararse a medio trayecto con un mecanismo de autofuncionamiento. Pero el aparato tenía las pilas agotadas y no se activó. El tren llegó a Madrid sin que se disparasen ni el mensaje ni las bombas.

El clima en la ciudad, en todo caso, era de alerta permanente ante el riesgo de atentado, y como redactor judicial me correspondía estar siempre disponible, con el teléfono siempre conectado.

Nunca, sin embargo, había imaginado que tendría que vivir una mañana como aquélla.

Así, unos cinco minutos antes de las ocho de la mañana del 11 de marzo de 2004 sonó el teléfono. Sin las gafas, tuve que guiñar un ojo y acercarme mucho la pantallita para ver quién se atrevía.

Era Dagoberto Escorcia, redactor jefe de deportes en *La Vanguardia*, amigo de muchos años y padre de un niño pequeño; un madrugador, por tanto. Mientras se preparaba para llevarlo al colegio, escuchó en la radio que había una explosión en la estación de Atocha y que podía haber muertos. Aún no se sabía que los trenes destruidos eran cuatro. Dago sabía que yo vivía en Lavapiés, cerca de Atocha, y que podía acudir al lugar en pocos minutos.

Me duché velozmente, con la radio a todo volumen y la cifra de muertos creciendo por minutos. Había explosiones en Atocha pero también en las estaciones de El Pozo y Santa Eugenia, en la entrada ferroviaria a la ciudad por el corredor del Henares, y también en un convoy que estaba a punto de entrar en Atocha, «a la altura de la calle Téllez», según la ubicación que desde aquella mañana hizo célebre a esta vía anónima. La calle Téllez quedó para siempre, como los nombres de las tres estaciones, impregnada con la connotación del atentado. Las líneas atacadas eran las que recogen básicamente a trabajadores y estudiantes de los barrios periféricos para llevarlos al corazón o al norte de la ciudad.

Salí de casa en dirección a Atocha, unos cinco minutos a pie. Desde que atravesé el portal, el timbre de las ambulancias creaba un rumor lejano de tragedia. Siendo el mismo, es muy distinto el ruido que hace una ambulancia del que hacen veinticinco. El ruido deja de ser asistencial para ser bélico.

A pocos metros de Atocha, la policía municipal de Madrid ya había cortado todo acceso a la estación, con cinta de plástico y agentes nerviosos que, con walkie-talkies en la mano, prohibían detenerse y, por supuesto, acceder a la estación, ni siquiera identificándome como periodista. Los agentes estaban demasiado nerviosos para convencerlos.

Pensando en colarme en la estación desde la playa de vías comencé a caminar a toda prisa por la calle que discurre en paralelo, una avenida separada del ámbito ferroviario por un muro alto, infranqueable para mí. A unos quinientos metros, una calle atraviesa las vías por debajo. Contemplé la longitud del muro, que hasta donde alcanzaba la vista impedía acceder a las vías, de modo que decidí dirigirme al otro lado por aquel paso inferior. Quizá por allí podría entrar en Atocha. Por esa avenida subterránea fui a salir, directamente, a la avenida junto a la calle Téllez, en paralelo a la cual había otro tren dinamitado y donde el ambiente silencioso era sobrecogedor y el orden de ambulancias en fila, esperando a entrar en Téllez, apuntaba la verdadera magnitud de la tragedia. Debía, para mi crónica, anotar los detalles, y comencé por los vehículos: conté 48 ambulancias. No todas eran iguales, pero todas, o la mayoría, tenían encendidas las luces de emergencia de color naranja, destellando dentro de su vaso de vidrio, pero sin emitir ningún sonido, en una espera lúgubre y como respetuosa con el dolor.

En la avenida, de forma inconsciente, recorrí en sentido contrario el trayecto seguido por las personas ensangrentadas que huían de las vías. Cómo preguntar qué ha pasado. «Perdona, soy de *La Vanguardia*», comencé a decirle a un chico de unos veinte años con la cara manchada de sangre, que caminaba sin chaqueta, ni bolsa, ni carpeta con apuntes, ni un maletín de herramientas, dándome la primera imagen de la pérdida: todo lo que llevaba se había quedado en el convoy o en las vías, desperdigado probablemente para siempre. «¿Qué ha pasado?», osé preguntarle. Pensaba que ni me respondería, pero no fue así. Me explicó que se había oído una explosión y que el tren había quedado reventado y los viajeros, vivos o muertos, acumulados por el suelo, unos encima de otros, pero que no recordaba gran cosa. No era parte del trabajo, pero le pregunté si se encontraba bien y si necesitaba algo, dijo que no y arrancó a caminar. Siempre me había preguntado si, en las guerras, los corresponsales ayudan a los heridos o sólo toman notas o filman.

Téllez es un callejón de un solo carril paralelo a las vías, separado de éstas por un muro que, en algún punto, tenía boquetes. A través de él pude observar el drama. Había un tren despanzurrado, con el techo convertido en un haz irregular de hierros y las paredes con sendos grandes agujeros, con las planchas metálicas aflojadas, destensadas, como si se hubiera engordado. El interior del vagón que me quedó delante de la vista estaba convertido en un magma de asientos, chaquetas, bolsas y cuerpos. Los alrededores del tren estaban también llenos de objetos. Una vez había cubierto un atentado de ETA en Cataluña; un coche bomba bajo un puente de la autopista que estalló cuando un peatón curioseaba alrededor. Cuando yo llegué, el coche estaba destruido y junto a él había una sábana blanca, pero no se veía nada más. En la calle Téllez pensé en aquella imagen que, en contraste, era casi quirúrgica.

En el tren parado junto a la calle Téllez el caos era absoluto. En la Ser, que escuchaba en una pequeña radio portátil, Iñaki Gabilondo hablaba de varias decenas de muertos en aquel tren que tenía ante mí y relataba que había en total cuatro trenes atacados. Bastaba hacer un cálculo rápido, aunque fuera aproximado, para entender que podía haber cien muertos. Sólo había pasado una hora desde las explosiones y por tanto era imposible precisar una cifra, pero a buen seguro era altísima.

Los teléfonos móviles apenas funcionaban, porque la policía había instalado inhibidores de frecuencia para evitar que, si en los trenes había más bombas dotadas de detonador a distancia, pudieran activarse. No podía comunicarme con la redacción ni con ninguno de mis jefes, pero en aquel momento lo prioritario era estar allí y tomar nota o al menos mirar. De vez en cuando recibía aviso de una llamada perdida, de alguien que me había encontrado fuera de cobertura. Fueron muchas, decenas, algunas de amigos a los que hacía meses, o años, que no veía. Ante una matanza de estas dimensiones, todo el mundo piensa que le puede haber tocado a alguien cercano y llama para interesarse, aunque sepa que nunca va en tren o que a las siete y media de la mañana raramente está despierto. Eso, precisamente, es el terrorismo: el miedo socializado.

Varios periodistas merodeábamos por allí hasta que los agentes de policía se alertaron de pronto, supongo que a través de los walkie-talkies o por los avisos a viva voz de otros agentes, y nos conminaron a abandonar el lugar. Había más bombas en los trenes y estábamos a pocos metros del convoy. Fuera, fuera.

En Atocha, efectivamente, se había descubierto una mochila bomba sin explotar. Aunque nos alertaron y estábamos preparados para el ruido, fue tremendo, pese a que estaba a casi un kilómetro. Instintivamente, sentí que debía alejarme de las vías, aunque fuera imposible que me ocurriera nada. Había policías, velaban por nosotros. Pero, aun así, en ese momento era imposible saber si había más, ni a qué distancia ni de cuántos kilos.

No se cómo, quizá por la radio, o por algún compañero, supe que se había montado una especie de hospital de campaña en el polideportivo Daoiz y Velarde, muy cerca de la calle Téllez. Pude acceder sin ningún impedimento y allí comencé a comprender el calibre del atentado y, sobre todo, a preguntarme cómo era posible no ya conseguirlo, sino que a alguien se le ocurriera perpetrar tal matanza.

El suelo del pabellón, de caucho verde semiblando, tenía muchos charcos de sangre; había unas veinte personas, o cuarenta —no puedo precisar la cifra, que además variaba a cada momento—, tendidas o sentadas en el suelo, la mayoría con la ropa hecha jirones, ensangrentadas, quizá mutiladas. Aunque algunas gritaban o se lamentaban, la mayoría guardaban un sorprendente silencio. Algunas estaban conectadas a aparatos de gota a gota, con su soporte metálico y todo. Algunas estaban sentadas en sillas de plástico rojas, con el logotipo de una marca de refrescos. Recuerdo lo grotesco de algunos de estos detalles, y cómo el verano, o los refrescos, esos «buenos momentos» de los anuncios, eran lo más lejano en que uno pudiera pensar.

A cada momento entraban camilleros y se llevaban a alguien. Los periodistas les abríamos la puerta o les apartábamos cualquier cosa —una silla, una cámara, una bolsa con cintas de las televisiones— que les interrumpiera el paso, pero nadie preguntaba nada.

El herido más cercano a la puerta era un hombre mayor, de unos sesenta años, vestido con un pantalón gris, quizá de franela, y un jersey de color crudo, sin chaqueta. Estaba tumbado en el suelo, cubierto hasta el pecho con una manta térmica de los servicios de emergencia, como las que a veces colocan a los atletas cuando acaban una carrera larga, para evitar que el enfriamiento del sudor y del cuerpo les provoque un catarro. Aquel hombre estaba cubierto con la manta de aluminio pero no parecía herido. Un chico con la chaqueta roja de la Cruz Roja estaba arrodillado a su lado, tomándole el pulso, hasta que comenzó a actuar sobre su pecho, oprimiéndolo a impulsos regulares.

La cobertura telefónica oscilaba pero en aquel momento, y en aquel punto algo más alejado del tren, mientras contemplaba atónito el trabajo de aquel asistente, recibí una llamada de Francesc Peirón, otro buen amigo de *La Vanguardia*, interesándose por mi estado. Me separé unos metros del lugar y cuando me preguntó cómo estaba lloré. No estaba herido, no tenía el tímpano reventado, ni había perdido ninguna parte del cuerpo, ni a un hijo, un padre o un amigo, como tanta gente aquella mañana, y estaba allí por trabajo, pero en el momento en que lloré me sentí también víctima de los terroristas.

Cuando acabó la conversación con Peirón y volví junto a los heridos, la manta térmica cubría por entero al hombre del jersey de color crudo.

Es muy extraña la sensación de estar por trabajo donde la gente se está muriendo a tus pies. Creo que no anoté nada más. ¿Cómo iba a seguir anotando? ¿Qué iba a anotar? ¿«Un hombre se muere delante de mí»?

Una hora más tarde, los servicios médicos y algún policía nos instaron a abandonar el lugar. No es que molestáramos, pero supongo que era obsceno que estuviéramos allí grabando muertes.

Estuve por allí el resto de la mañana. No había gran cosa más que anotar ni que hacer, pero estuve mucho tiempo, tres o cuatro horas más, en el exterior del Daoiz y Velarde. No hay un protocolo periodístico de qué hacer en un momento así, pero no me podía ir de allí. Había otros periodistas y los de las radios y las televisiones tenían continuas conexiones en directo con sus canales, a los que suministraban los datos que íbamos conociendo, alguna entrevista con vecinos del lugar que habían visto a las víctimas, que habían sido trasladadas a los hospitales o a la monumental morgue instalada en el recinto ferial de Ifema, al norte de la ciudad.

Hacia las once de la mañana, en la emisora portátil el ministro del Interior, Ángel Acebes, atribuía a ETA la matanza. El presidente del gobierno vasco, Juan José Ibarretxe, también se la firmó a este grupo, pero el líder de Batasuna, rama política de ETA, Arnaldo Otegi, se concentraba en contra de la masacre junto a otros políticos, en un gesto insólito, nunca visto.

Al rato, las ambulancias habían desaparecido y la policía estaba más tranquila. Con otros periodistas, fuimos volviendo a la calle Téllez. Los cámaras, que siempre son los más rápidos en ver algo, habían accedido a una finca desde cuya azotea, a diez o doce pisos de altura, se contemplaba perfectamente el tren destruido, las vías salpicadas de papeles, carpetas, chaquetas y otros objetos inidentificables y, sobre todo, la hilera de mantas negras, una junto a otra, que cubrían los cadáveres. El panorama era aterrador. Ni siquiera bélico, porque aquel silencio indicaba que el combate, al menos aquél, había cesado. Venía a ser un mensaje: «Hemos pasado por aquí». Pero ¿por qué? ¿Por la independencia del País Vasco? Me costaba creerlo, de tal manera que en pocos minutos llegué al convencimiento, sin ninguna prueba ni dato, de que se trataba del terrorismo islamista.

Se acababa de cerrar no sólo un período sin muertos por terrorismo sino también una era. El 11-S supuso, en términos históricos, la apertura del siglo XXI y el inicio de un período distinto, y el 11-M era algo parecido. Se había acabado la paz. Las ciudades de aluvión migratorio estarán para siempre repletas de «potenciales terroristas» y en riesgo de «atentado indiscriminado». El 11-M dejó instalada la sospecha para siempre, si es que hay algo «para siempre». Eso no ocurría con ETA, que en sus atentados era selectiva. Éste es un matiz de la crueldad, pero también un matiz tranquilizante.

Aquella mañana, ante la visión de los muertos puestos en fila, más que el tamaño de la matanza, con toda su gravedad, me inquietaba preguntarme quién podía tener tal idea y, sobre todo, por qué.

Historia de un proyecto, por Justin Webster

Este libro es esencialmente la historia de dos hombres, Sarhane Ben Abdelmajid Fakhet y Jamal Ahmidan. Fueron los líderes de la célula terrorista del mayor atentado de la historia en Europa, que mató a 191 personas e hirió a 1.856 más, el 11 de marzo de 2004. Por primera vez el yihadismo terrorista atacaba con tanta violencia indiscriminada a la población civil y trabajadora, sin un objetivo simbólico. Sin la implicación de esos dos individuos no se habría producido el atentado; es posible que se hubiera producido otro atentado, más tarde. Alguno de los seguramente numerosos planes de ataque que se inician y no superan todas las fases podría haber culminado en otra tragedia sangrienta e indiscriminada. Pero este atentado, específicamente éste, no se habría producido.

Entre Ignacio Orovio como asesor, Rafael Logedo como documentalista y yo como director empezamos en 2005 a desarrollar un documental, que se convirtió en *The Madrid Connection*. Empezamos el trabajo cuando el modus operandi de los terroristas ya estaba bastante claro, con el fin de tratar el aspecto que nos pareció menos investigado, más incómodo y, a la larga, más importante: ¿quiénes eran los culpables de la matanza? Quiénes: sus biografías, su procedencia, sus personalidades. Los «autores materiales», en la fría expresión jurídica. Dada la forma en que queríamos responder a esa pregunta, sabíamos que iba a ser un proyecto extremadamente difícil.

El documental se estrenó en España el 31 de octubre de 2007, cuando se dictó sentencia contra las 29 personas acusadas de perpetrar el atentado o colaborar en él. Habíamos pasado más de dos años y medio en una investigación que empezó con el análisis de las más de cien mil páginas de la investigación judicial, pasó al contacto con fuentes directas más allá de los documentos y nos llevó fuera de España, a Marruecos, Túnez, Turquía, Holanda e Inglaterra. La historia, para delinear la ruta psicológica de los líderes, se remontaba hasta principios de los años noventa.

¿Por qué? Una frase contenida en otro documental, *Rumores de guerra*, de Errol Morris, nos sirvió de inspiración. El subtítulo de ese documental es «Once lecciones de la vida de Robert McNamara». McNamara fue secretario de Defensa estadounidense durante la guerra de Vietnam, un tecnócrata y joven prodigio que luego fue director general del Banco Mundial durante muchos años. Ese documental conmueve porque a sus ochenta y tantos años reconoce por primera vez sus errores como gobernante. Y conmueve no porque de esta manera se le considere perdonado, sino porque uno tiene la sensación de que puede estar en presencia de lo que se llama «sabiduría», de lecciones forjadas por la experiencia y los remordimientos.

La lección número uno de aquel documental es: empatiza con tu enemigo. No es lo mismo empatizar que simpatizar. Lo primero es una forma profunda de entender, que requiere un esfuerzo imaginativo y puede resultar emocionalmente muy incómoda. No tiene nada que ver con estar de acuerdo, querer justificar ni tomar partido. En el caso de McNamara, según dice, es lo que debería haber hecho su administración con el Vietcong para entender la naturaleza real del conflicto. En nuestro caso, el lema sirvió para el reto de entender el último y esencial eslabón de un conflicto global, en un caso específico: las personas que decidieron poner bombas en cuatro trenes para matar y herir sin piedad a miles de otras personas indefensas.

Parecía especialmente importante el enfoque, dado que el ruido mediático y político alrededor del caso tendía a ofuscar las preguntas más urgentes, al menos en España. Al principio de la investigación, con mucha cobertura periodística ya hecha, desde dentro y fuera de España, y parte de la investigación policial hecha pública (o al menos no secreta), empezamos a barajar una lista larga —más de una docena— de posibles biografías que precisábamos dibujar. Siete hombres árabes se habían suicidado en un piso en Leganés tres semanas después del atentado. Entre los más de cien detenidos en los meses posteriores al atentado había varios sospechosos de haber colocado las bombas en los trenes, tres o cuatro de ellos huidos. Había también un abanico de personas, hombres y mujeres, extranjeros y españoles, acusadas de haber colaborado de alguna forma o dirigido el atentado. Gradualmente se supo que un grupo de entre nueve y trece hombres habían puesto las bombas.

A medida que íbamos digiriendo la enorme cantidad de material y haciendo las primeras entrevistas, se reducía el número de biografías, y enfocábamos cada vez más en lo esencial, para acabar concentrando todos los esfuerzos en dos hombres fundamentales: Jamal Ahmidan y Sarhane Ben Abdelmajid Fakhet.

Mucho antes de que empezara el juicio teníamos claro que éstos eran los dos líderes del grupo que puso las bombas. Además eran de entornos totalmente diferentes. Veíamos que profundizar en sus trayectorias nos ayudaría a saber más sobre el terrorismo yihadista, no desde arriba y a través del discurso místico-ideológico de al-Qaeda o de la respuesta geopolítica o policial de la guerra contra el terror, sino desde abajo, desde lo que los terroristas yihadistas consideran la línea del frente en Europa, desde sus vidas cotidianas y motivaciones íntimas.

Es especialmente revelador que las vidas de Ben Abdelmajid y Ahmidan —generalmente llamados el Tunecino y el Chino en la prensa y Sarhane y Jamal en casi todas las entrevistas que hicimos, por lo que así les llamaremos en este libro— eran totalmente distintas. Se conocieron sólo unos seis meses antes de inmolarse junto con sus cinco seguidores en el piso de Leganés, el 3 de abril de 2004. El título del documental, *The Madrid Connection*, se refiere a las muchas conexiones desgraciadamente necesarias para que se produjera la atrocidad, pero especialmente a la conexión fatal entre los dos submundos, el del extremismo religioso y el del crimen, con sus distintas personalidades y jerarquías, y donde Sarhane y Jamal —con treinta y cinco y treinta y tres años, respectivamente, en aquel momento— se habían convertido en líderes carismáticos.

Al mismo tiempo, se puede observar, a través de sus muy diferentes vidas en España como inmigrantes, cómo acabaron simpatizando con una ideología violenta por experiencias y cargas personales totalmente diferentes, con sólo algún punto en común.

Sarhane era un estudiante bastante dotado, y muy aplicado, de una familia de clase media tunecina que vino a España en 1994 para estudiar ciencias económicas porque consiguió una beca del gobierno español. Había —y todavía hay— subsidios en Europa para pagar la formación de estudiantes de países en desarrollo: es una política de justicia social y para fomentar simpatías. Mohamed Atta, el líder de la célula que cometió el 11-S, estudió arquitectura en Hamburgo. Sarhane —emocionalmente frío e intelectualmente apasionado— se radicalizó captando todas las ondas extremistas, gradualmente, durante años, girando inexorablemente hacia círculos cada vez más clandestinos y agresivos, pero al mismo tiempo compartiendo amistades hasta casi el final con gente que no tenía sus ambiciones destructivas.

Jamal era un traficante de droga muy conocido entre los marroquíes en el centro de Madrid, sin documentación pero con catorce identidades falsas, que vino a España en 1991 huyendo de una condena a veinte años de prisión en Marruecos por haber matado supuestamente a un hombre de un navajazo. Su familia no era pobre pero sí de clase trabajadora, de un barrio de Tetuán ahora famoso, en parte gracias a él, por criar a suicidas. Su historial es muy violento —en contraste con el de Sarhane—, sin inquietudes intelectuales del mismo nivel, pero con una suerte de ambición rabiosa como la del tunecino. Jamal asciende desde un mundo de marginación, drogas y gangsterismo internacional que en sí es revelador de cómo viven una pequeña pero no desdeñable parte de los inmigrantes que vienen a Europa, especialmente los que no tienen papeles, como Jamal, y que se acostumbran a sobrevivir —y prosperar— en medio de la violencia de la calle.

El objetivo al reconstruir sus vidas era desde el principio el de reunir los detalles y hechos concretos más que ideas generales o, peor aún, opiniones, con la convicción de que las ideas deben surgir de los hechos y de los datos expuestos, no imponerse a priori. Dicho de otra manera, nos interesaba averiguar qué pasó exactamente, más que buscar interpretaciones de entrada. Parece obvio decirlo, pero estuvimos trabajando en un ambiente muy cargado de opiniones y posiciones.

En cierta manera, nuestra interpretación ya estaba en marcha desde el arranque: dimos por hecho que el atentado fue cometido por el grupo liderado por Sarhane y Jamal y, aunque mantuvimos la mente abierta (Ignacio sí tuvo que profundizar en estos aspectos para *La Vanguardia*), la posible participación de ETA o la posible manipulación de pruebas por parte de la policía no entraron en *The Madrid Connection*, porque nunca llegaron a tomar cuerpo en nuestra investigación.

La relación real entre Sarhane y Jamal y al-Qaeda —en cuyo nombre reivindicaron el atentado dos veces —y de forma explícita— debía definirse poco a poco, a través de la investigación, las entrevistas, las grabaciones y —como estaba previsto desde el principio— el seguimiento total del juicio, que se celebró de febrero a julio de 2007.

La meta propuesta —un audiovisual en forma narrativa, basado en los detalles y su selección, que generara opiniones antes que darlas empaquetadas— exigió mucho en la forma de investigar. En ciertos sentidos, nos dio grandes ventajas: hubiera sido inviable económicamente montar una investigación tan profunda, de más de dos años y medio, sólo para un libro. En otro sentido, nos impuso deberes. Para llegar a reconstruir las vidas de Sarhane y Jamal, era imprescindible acceder a testimonios directos, presenciales, que además aceptaran ser grabados. Para contarlas, debíamos filmar testimonios de gente que les hubiera conocido de cerca. Esto no se había hecho hasta entonces de forma sistemática, con un objetivo narrativo, sino únicamente en busca de testimonios esporádicos. La gran mayoría de ellos, desde la mujer de Jamal hasta compañeros de piso o de la clase de Corán de Sarhane, hablaban por primera vez. Contactar con ellos fue posible sólo gracias al estudio minucioso del sumario. Esta pieza es como un vertedero caótico de registros, informes policiales, pruebas realizadas y —lo más importante— testimonios redactados por la policía, con nombres y apellidos, aunque redactados en tercera persona y expresados mecánicamente. Más que datos concretos, nos dio pistas acerca de dónde buscar. La necesidad de filmar exigió un proceso largo también en la forma de realizar las entrevistas. Antes de cada una de ellas había una serie de conversaciones para, sucesivamente, explicar nuestros objetivos, sondear el testimonio y conocer a la persona. Hubo muchas horas de búsqueda y espera sobre todo en Madrid, pero también en Estambul, Marruecos, Túnez o Amsterdam. La lentitud tuvo su recompensa en la calidad de los testimonios. Siempre estaremos agradecidos a los entrevistados por su valentía y generosidad y por compartir, en mayor o menor grado, el fin fundamental: entender hasta lo posible, sin prejuicios. Hubo también muchas pistas falsas, otras frustradas y muchas otras que, sin entrar directamente en el documental, lo enriquecieron. La naturaleza del género dicta que sólo una pequeña parte de todo el material se utiliza. Y el material grabado era sólo la parte filmada de una investigación mucho más larga y variada.

Un ejemplo de la necesidad de seguir pistas falsas lo tuvimos cuando, todavía al principio, en el sumario encontramos el testimonio de un joven ex militar, veterano de la guerra de Bosnia con el ejército español, que aseguraba haber conocido a Sarhane y Jamal a principios de los años noventa, en Madrid. Y que ya entonces, aseguró, hablaban de bombas. Viajamos a Ceuta para entrevistarle. Su testimonio había sido publicado, sin más valoración, en un periódico español. Nuestro contacto en la policía no lo descartó. Si hubiera sido verdad, habría sido fascinante. Pero no: era mentira. Una mentira muy elaborada, que probablemente él mismo se creía en parte.

En cambio, un incidente muy llamativo —que parecía improbable— resultó ser verdadero. En 2003, Jamal lideró un ataque en toda regla, con dos coches llenos de sus seguidores, contra el barrio gitano de Caño Roto, al sur de Madrid. Amenazó literalmente con volar todo el barrio. Los gitanos de la zona todavía recuerdan el incidente. Unas semanas más tarde la policía, que había pinchado el teléfono de Jamal en una investigación de tráfico de drogas, captó referencias al incidente, sin saber de qué hablaba ni con quién. Leyendo las escuchas en el sumario, nosotros sí lo sabíamos. Llegamos a reconstruir el incidente, in situ, para una secuencia en el documental que mostraba gráficamente la mentalidad de Jamal en esos momentos. Era una fase importante porque coincidía con el principio de su conexión con el grupo de Sarhane. Pero los testigos presenciales no quisieron hablar en cámara, la secuencia perdió fuerza y no la incluimos.

Entrevistamos a pocos expertos, porque sobre lo esencial de nuestra investigación, el detalle de sus vidas, no los hay. Grabamos e incluimos en la película, ocultando su identidad, al jefe de la investigación del 11-M. Fue una de las pocas excepciones. Entrevistamos media docena de veces a otro de los coordinadores de las pesquisas, pero *off the record*.

Aunque no conoció ni a Sarhane ni a Jamal, el jefe policial que grabamos había pasado casi todo el tiempo pensando en ellos desde que aparecieron sus nombres en marzo de 2004. Lo entrevistamos bastante al principio, y meses antes del juicio. Su testimonio sólo era utilizable cuando concordaba con lo que luego establecimos por otras fuentes. Como policía, se centraba mucho más en lo operacional que en lo psicológico, pero aun así hubo un esfuerzo por entender la mentalidad de los dos individuos, y cierta franqueza sobre los fallos y las limitaciones de las fuerzas de seguridad. Los otros expertos, el juez español Baltasar Garzón y el jefe antiterrorista de la policía turca, Selim Akyildiz, nos ayudaron con el contexto internacional.

Seguimos todo el juicio —grabamos y tomamos nota de las más de trescientas horas de vista oral— sabiendo que aparecería poco en el documental, pero que era totalmente necesario para contrastar y confirmar algunos detalles de nuestra propia investigación. Entrevistamos a varios fiscales de la Audiencia Nacional y abogados (que no aparecen en la última versión). Ambas clases de fuente eran útiles para situar nuestro trabajo, pero, naturalmente, no eran centrales.

Hemos querido reflejar en este libro cómo llegamos a acercarnos a las historias de Jamal Ahmidan y Sarhane Ben Abdelmajid Fakhet porque forma parte, creemos, de cómo entenderlas. En este sentido, describimos a las personas que hemos entrevistado, en qué contexto y por qué.

Por último, pero siempre presentes en nuestro planteamiento, entrevistamos a algunos parientes de víctimas mortales del atentado y estuvimos en contacto con sus asociaciones. La dificultad emocional de esta investigación era la de empatizar también con semejante sufrimiento: la pérdida de un hijo, de un marido y padre, de una mujer y madre en un acto asesino, inimaginable; al mismo tiempo, debíamos poder mantener la capacidad de empatizar con los asesinos, con el fin de entenderles. Con los testigos, muchos de ellos víctimas de alguna forma del atentado, no era naturalmente tan difícil sentir empatía. Sus aportaciones han sido esenciales en la reconstrucción de las vidas de los protagonistas y para entender sus entornos.

Confiamos en que las víctimas entiendan mejor que nadie las razones, y la necesidad, de este esfuerzo.

Cronología

1991   Jamal Ahmidan llega a España.

21-9-1992   Inauguración de la mezquita de la M-30.

1992   Primera detención de Jamal Ahmidan por tráfico de drogas, bajo el alias de Ahmed Ajon.

Mediados de 1994   Embarazo de la mujer de Jamal.

Octubre de 1994   Sarhane llega a España y empieza su doctorado en la Universidad Autónoma de Madrid.

Octubre de 1995   Jamal Ahmidan sale de la cárcel.

Verano de 1996   Çiftçi visita a la familia de Sarhane en Túnez.

Junio de 1997   Detención de una célula del GIA, entre ellos Allekema Lamari.

Julio de 1997   El minero asturiano José Emilio Suárez Trashorras deja el trabajo por un trastorno esquizoide.

19-11-1997   Jamal es detenido en Saint-Aubert, en Nord (Francia), por falsificación y uso de documento falso a nombre de Ahmed Ajon y por llevar documentos ilegales de Francia y de Suiza.

23-2-1998   El diario en árabe *Al-Quds al-Arabi* publica una fetua en la que se da a conocer la constitución del Frente Islámico Mundial para la Yihad contra Judíos y Cruzados, también conocido como Frente Mundial de la Yihad o Ejército Islámico para la Liberación de los Lugares Santos. El Frente declara «la obligación de cada musulmán de matar a los norteamericanos y a todos sus aliados, militares y civiles, hasta la liberación de la mezquita de Al-Aqsa y la de Haram», en Jerusalén y La Meca respectivamente. En el movimiento participan algunos de los líderes de mayor relevancia del mundo islámico, conformando lo que será al-Qaeda.

Junio de 1998	A Sarhane se le acaba la beca para su doctorado.
Junio de 1998	Primer contrato de trabajo de Sarhane en la mezquita de la M-30. Comienza su amistad con Amer Azizi.
1998	Primer peregrinaje de Sarhane a La Meca.
7-8-1998	Atentados simultáneos contra las embajadas de Estados Unidos en Kenia y Tanzania, cometidos por al-Qaeda. Causaron más de 230 muertos.
Finales de 1998	Jamal sale de la cárcel en Francia.
1999	Jamal comienza a traficar con éxtasis.
2000	Segundo peregrinaje de Sarhane a La Meca.
Marzo de 2000	Jamal es detenido bajo el nombre de Said Tlidni e ingresado en un Centro de Inmigrantes Extranjeros en Moratalaz (Madrid).
Julio de 2000	Jamal comienza los trámites para obtener la residencia legal en España.
Diciembre de 2003	Jamal regresa a Marruecos para solucionar sus problemas legales. El día 12 ingresa en la cárcel de Bab Nuader de Tetuán.
Octubre de 2000	Amer Azizi es detenido en Estambul por la policía turca de inmigración, junto con otras tres personas. Tras ser liberado, viaja a Afganistán.
Principios de 2001	Azizi regresa a Madrid y vuelve a los rezos en la mezquita de la M-30.
26-6-2001	Allekema Lamari es condenado como miembro del Grupo Islámico Armado a diez años de cárcel.

Julio de 2001   El jefe del comando del 11-S visita España durante una semana, supuestamente para rematar algunos detalles del atentado.

Agosto de 2001   Cisma en la mezquita de la M-30. Bautizo del hijo de Mustafá Maimuni, en el que Sarhane pide la mano de su hermana, Hanane, de catorce años.

11-9-2001   Atentados de al-Qaeda en Estados Unidos.

13-11-2001   El juez Garzón dirige la primera fase de la Operación Dátil, en la que son detenidos once presuntos yihadistas residentes en España.

Principios de 2002   Sarhane deja de rezar principalmente en la mezquita de la M-30 para hacerlo en las «mezquitas ambulantes», en especial la de Virgen del Coro.

29-6-2002   Lamari es liberado por error judicial.

11-7-2002   El ejército de Marruecos ocupa el islote de Perejil, cerca de Melilla.

17-7-2002   El ejército español desaloja Perejil sin disparar a los gendarmes marroquíes.

24-7-2002   El Tribunal Supremo alerta a la Audiencia Nacional del error cometido al liberar a Allekema Lamari, pero nunca más aparece.

11-11-2002   Sarhane se casa con Hanane Maimuni.

19-3-2003   Empieza la invasión de Irak, con España como aliado destacado de Estados Unidos.

16-5-2003   Atentados de Casablanca, con 43 muertos. Uno de los objetivos fue la Casa de España.

17-6-2003   Jamal es liberado en Marruecos.

Julio de 2003   Jamal regresa a Madrid.

Octubre de 2003   Jamal ataca el barrio gitano de Caño Roto, en Madrid.

1-10-2003   La policía que controla a Sarhane le detecta junto al lugarteniente de Jamal en el tráfico de drogas.

18-10-2003   Osama Bin Laden insta a atacar a la coalición que ha invadido Irak, citando explícitamente a España.

241

19-10-2003   Un miembro del GICM activa un teléfono móvil y da como fecha de nacimiento del titular el 11 de marzo de 1921.

29-11-2003   Atentado contra siete agentes del CNI español en Irak.

3-12-2003   El denominado Departamento de Información de Ayuda al Pueblo Iraquí-Departamento de Información Exterior emite a través de la web Global Islamic Media el documento «Mensaje al pueblo español», en el que, tras hacer referencia al ataque contra los siete agentes del CNI, afirma que «la responsabilidad de la ocupación recae sobre los ejércitos participantes y sus pueblos», y anuncia que «los batallones de la resistencia iraquí, y quienes los apoyan fuera de Irak, son capaces de aumentar las dosis de sufrimiento en Irak y fuera de él».

5-12-2003   Jamal es parado por la Guardia Civil en la carretera Madrid-Bilbao, en la provincia de Burgos, pero tras un despiste policial prosigue su ruta. La noche siguiente es localizado en un punto cercano, con el coche averiado. Se le registra. Lleva ropa aún con las alarmas electrónicas, con toda seguridad robada, pero no se detecta que su documentación es falsa y se le permite seguir, tras avisar a una grúa.

25-12-2003   Jamal celebra la Nochebuena en familia.

31-12-2003   Jamal viaja a Bilbao para cobrar una deuda de droga; dispara en plena calle a un marroquí que le debe dinero.

28-1-2004   Jamal alquila una casa en Chinchón que será la sede principal del grupo.

3-2-2004   Fiesta del cordero, que Jamal celebra en Chinchón con miembros de la célula.

28 y 29-2-2004   Jamal y dos miembros de la célula viajan a Asturias y roban unos ciento cincuenta kilos de dinamita.

De camino hacia Madrid, el coche de Jamal, que circula delante del que porta la dinamita, es detenido por exceso de velocidad. La Guardia Civil no detecta que el coche es robado y su documentación, falsa, y le deja seguir tras multarle.

Del 3 al 8-3-2004   Diversos miembros de la célula compran teléfonos Mitsubishi, modelo Trium.

6-3-2004   Dos miembros del grupo terrorista alquilan un piso en Albolote (Granada) donde poder esconderse.

7-3-2004   Una vecina de la finca de Chinchón donde los terroristas montaron las bombas alerta de la presencia de muchos árabes, con un coche que le parece sospechoso. La Guardia Civil de Chinchón toma nota.

8-3-2004   Otro miembro del grupo alquila un piso en Leganés. De esta misma fecha es una nota de la unidad de policía que vigila al grupo de próximos a Sarhane. La observación de este día indica que su amigo Mutaz Almallah viaja con frecuencia entre Madrid y Londres, donde vive y trabaja como recaudador de la sadaka o colecta en una mezquita, y dando charlas en otra mezquita, en la que trata de captar a jóvenes e integrarlos en organizaciones extremistas.

9-3-2004   La Guardia Civil de Chinchón acude a la finca denunciada por la vecina. Los agentes anotan la matrícula del vehículo sospechoso y comprueban si es robado. El resultado es negativo.

11-3-2004   Atentados de Madrid. Las explosiones en 4 trenes de Cercanías matan a 191 personas y hieren a más de 1.800.

13-3-2004   Primeras detenciones, entre otros de un autor material del atentado, Jamal Zugam. A última hora de la tarde aparece un vídeo reivindicativo en nombre de una brigada islamista.

14-3-2004   Elecciones generales en España. El PSOE derrota al
              PP, circunstancia que no preveía ninguna encuesta
              política.
26-3-2004   Detención de la mujer de Jamal.
3-4-2004   Al verse rodeados por la policía en un piso de Le-
              ganés, siete de los miembros del comando se inmo-
              lan. En la explosión muere también el agente de los
              GEO Francisco Javier Torronteras.

Bibliografía

Al-Zayyat, Montasser, *El camino hacia Al Qaeda. La historia de Zawahiri, lugarteniente de Bin Laden*, Editorial Popular, Madrid, 2004.

Álvarez de Toledo, Consuelo, *Cuatro días de marzo. La verdad sobre el 11-M*, Planeta, Barcelona, 2004.

Armstrong, Karen, *Breu història de l'islam*, Edicions 62, Barcelona, 2007.

Artal Martínez, Rosa María, *11-M-14-M. Onda expansiva*, Ediciones Espejo de Tinta, Madrid, 2004.

AA. VV., *El 11-M en la prensa árabe*, Mergablum, Sevilla, 2004.

Bergen, Peter, *Osama de cerca*, Debate, Barcelona, 2007.

Blum, William, *El Estado agresor. La guerra de Washington contra el mundo*, La Esfera de los Libros, Madrid, 2006.

Burke, Jason, *Al Qaeda. La verdadera historia del islamismo radical*, RBA, Barcelona, 2004.

Buruma, Ian, *Asesinato en Amsterdam*, Debate, Barcelona, 2007.

Cardeñosa, Bruno, *11-M. Claves de una conspiración*, Ediciones Espejo de Tinta, Madrid, 2004.

Chalvidant, Jean, *11-M, la manipulación*, Jaguar, Madrid, 2004.

Corán, Editorial Debolsillo, Barcelona, 2006.

De Arístegui, Gustavo, *La yihad en España*, La Esfera de los Libros, Madrid, 2005.

De Diego, Enrique, *Días de infamia: del 11-M al 14-M*, Libroslibres, Madrid, 2004.

Del Burgo, Jaime Ignacio, *11-M. Demasiadas preguntas sin respuesta*, La Esfera de los Libros, Madrid, 2006.

Filiu, Jean-Pierre, *Les fronteres de la yihad*, Edicions de 1984, Barcelona, 2008.

Fouad Allam, Khaled, *Carta a un terrorista suicida*, RBA, Barcelona, 2005.

García-Abadillo, Casimiro, *11-M. La venganza*, La Esfera de los Libros, Madrid, 2005.

Gerges, Fawaz A., *Journey of the Jihadist*, Harcourt Books, 2006.

Gil Calvo, Enrique, *11-14-M. El cambio trágico: de la masacre al vuelco electoral*, Adhara, Madrid, 2005.

Gurahatna, Rohan, *Viaje al interior del terrorismo islamista*, Editorial Servidoc, Barcelona, 2003.

Horgan, John, *Psicología del terrorismo*, Gedisa, Barcelona, 2006.

Irujo, José María, *El agujero. España invadida por la Jihad*, Editorial Aguilar, Madrid, 2005.

Juan Hernández, María Isabel, *La trama completa del 11-M: de Aznar a Zapatero*, Ediciones Tempestad, Barcelona, 2004.

Kepel, Gilles, *La yihad. Expansión y declive del islamismo*, Península, Barcelona, 2001.

Lia, Brynjar, *Architect of Global Jihad. The Life of Al-Qaida Strategist Abu Mus'ab al-Suri*, Hurst Publishers, Londres, 2007.

McDermott, Terry, *Perfect Soldiers. The Hijackers: Who They Were, Why They Did It*, HarperCollins, 2005.

Marlasca, Manuel y Luis Rendueles, *Una historia del 11-M que no va a gustar a nadie*, Temas de Hoy, Madrid, 2007.

Martín Muñoz, Gema, *El Estado árabe*, Edicions Bellaterra, Barcelona, 1999.

Milá, Ernesto, *11-M. Los perros del infierno*, Producciones y Representaciones Editoriales, Barcelona, 2004.

Napoleoni, Loretta, *Yihad. Cómo se financia el terrorismo en la nueva economía*, Urano, Barcelona, 2004.

Ordaz, Pablo, *Los tres pies del gato. 11-M, la crónica del juicio*, Editorial Aguilar, Madrid, 2007.

—, *Voto de castigo. El despertar de la conciencia ciudadana y la derrota del PP*, Debate, Barcelona, 2004.

Pape, Robert A., *Morir para ganar. Las estrategias del terrorismo suicida*, Paidós, Barcelona, 2006.

Platón, Miguel, *11-M. Cómo la yihad puso de rodillas a España*, La Esfera de los Libros, Madrid, 2005.

Rashid, Ahmed, *Yihad*, Península, Barcelona, 2003.

Reinares, Fernando y Antonio Elorza, *El nuevo terrorismo islamista*, Temas de Hoy, Madrid, 2004.

Rekalde, Ángel, Santiago Alba Rico y Giovanni Giacopuzzi, *11-M: diez días que engañaron al mundo*, Editorial Txalaparta, Tafalla, 2004.

Sageman, Marc, *Leaderless Jihad*, University of Pennsylvania Press, 2008.

Sohr, Raúl, *La guerra fantasma*, Debate, Barcelona, 2006.

Soto, Paco, *El islamismo político en Marruecos*, Flor del Viento Ediciones, Barcelona, 2005.

Suskind, Ron, *La doctrina del uno por ciento. La historia secreta de la lucha contra Al Qaeda*, Península, Barcelona, 2006.

Ugarte García, David, *11-M. Redes para ganar una guerra*, Icaria, Barcelona, 2004.

Uriarte, Edurne, *Terrorismo y democracia tras el 11-M*, Espasa-Calpe, Madrid, 2004.

Vidino, Lorenzo, *Al Qaeda in Europe*, Prometheus Books, Nueva York, 2006.

Wright, Lawrence, *The Looming Tower. Al Qaeda's Road to 9/11*, Penguin Books, 2007.

Zeghal, Malika, *Islam e islamismo político en Marruecos*, Edicions Bellaterra, Barcelona, 2006.

Anexo

LA SENTENCIA DE LA OPERACIÓN DÁTIL

El juicio contra la célula de Imad Eddin Barakat Yarkas, Abu Dadah, desarticulada en la Operación Dátil a partir de noviembre de 2001, dos meses después del 11-S, se celebró en Madrid entre el 22 de abril y el 5 de julio de 2005. Hubo en total 53 sesiones, en las que declararon 107 testigos. De ellos, 69 eran policías.

El 26 de septiembre de 2005, la Audiencia Nacional dictó sentencia, condenando a 18 de los acusados y absolviendo a otros 6.

Imad Eddin Barakat Yarkas, alias Abu Dadah, fue condenado a 27 años de prisión como dirigente de una célula de al-Qaeda. Abu Dadah también fue condenado por conspiración, es decir, por los preparativos de ese atentado. Antes del juicio, la fiscalía pedía 74.337 años de prisión al considerarle autor material de cada una de las muertes en los atentados de al-Qaeda en Estados Unidos.

La Audiencia Nacional consideró probado que Abu Dadah conocía los planes de los atentados de Estados Unidos y que los asumió como propios, aunque no se consideró probado que interviniera directamente en la ejecución e hizo prevalecer en este punto la presunción de inocencia.

La Audiencia Nacional condenó por colaboración con banda terrorista al periodista Taysir Alony, de la cadena de televisión Al-Yazira. Alony ayudó a varios miembros de al-Qaeda, sabiendo que lo eran,

249

para obtener de ellos exclusivas e informaciones sobre la organización, según la sentencia.

Otros dos hombres, Driss Chebli y Ghasub al-Abrash, también fueron absueltos de intervención directa en los atentados, aunque fueron condenados por otros delitos. La Audiencia Nacional consideró que las acusaciones contra Al-Abrash se sostenían en «suposiciones y conjeturas» y eran «jurídicamente nada». Chebli estaba acusado de haber preparado la reunión que en julio de 2001 mantuvieron en Tarragona el piloto suicida Mohamed Atta y los terroristas Ramzi Bin al-Shibb y Mohamed Belfatmi. A Al-Abrash se le acusaba de haber grabado en 1997 unos vídeos en Nueva York que habrían servido para preparar el ataque, aunque éste empezó a organizarse a partir de 1999. La sentencia se consideró un varapalo contra la instrucción del juez Baltasar Garzón y la acusación formulada por el fiscal Pedro Rubira. El tribunal concluyó que la ausencia de pruebas para acusar como autores o cómplices de los asesinatos terroristas del 11-S era «absoluta».

La sentencia relataba que la realidad social española había permitido que un reducido número de extranjeros, en su mayoría sirios, se refugiaran en España, donde se les otorgó la nacionalidad española y donde pudieron gozar de los derechos y libertades del sistema democrático. Estos grupos aprovecharon sus lugares de culto para hacer proselitismo del yihadismo. El texto jurídico detallaba cómo dichos adoctrinados fueron entrenados en campamentos terroristas de al-Qaeda antes de retornar a España. Nueve de los condenados junto con Abu Dadah cumplían este perfil.

De los 24 acusados de dirigir, integrar o colaborar con la célula española de al-Qaeda, 18 fueron condenados y los 6 restantes, absueltos. En suma, la Audiencia Nacional los condenó a un total de 167 años de cárcel.

ANEXO

Las condenas

— Imad Eddin Barakat Yarkas, alias Abu Dadah. Por dirigente de organización terrorista, a la pena de 12 años de prisión. Por conspiración para cometer delito de homicidio terrorista, 15 años. En total, 27 años de prisión. Quedó absuelto de la autoría de los asesinatos terroristas del 11-S. Meses más tarde, el Supremo absolvió a Abu Dadah de conspiración y la condena se redujo a 12 años.

— Usama Darra. Por dirigente de organización terrorista, 12 años.

— Jassem Mahbule. Por dirigente de organización terrorista, 11 años.

— Abdulá Khayata Kattan. Por pertenencia a organización terrorista, 9 años.

— Mohamed Ghaleb Kalaje Zuaydi. Por pertenencia a organización terrorista, 9 años.

— Mohamed Zaher Asade. Por pertenencia a organización terrorista, 8 años y 6 meses.

— Abdalrahman Alarnot. Por pertenencia a organización terrorista, ocho años y 6 meses de prisión.

— Mohamed Needl Acaid. Por pertenencia a organización terrorista, 8 años y 6 meses.

— Luis José Galán González. Por pertenencia a organización terrorista, 8 años. Por tenencia ilícita de armas, 1 año y 6 meses. Total, 9 años y 6 meses.

— Sadik Merizak. Por pertenencia a organización terrorista, 8 años. Fue absuelto por el Supremo por falta de pruebas.

— Abdulaziz Benyaich. Por pertenencia a organización terrorista, 8 años. Fue absuelto por el Supremo por falta de pruebas.

— Hassan Alhussein. Por pertenencia a organización terrorista, 8 años.

— Mohamed Najib Chaib. Por pertenencia a organización terrorista, 8 años.

— Said Chedadi. Por pertenencia a organización terrorista, 8 años.

— Taysir Alony Kate. Por colaboración con organización terrorista, 7 años.

— Kamal Hadid Chaar. Por colaboración con organización terrorista, 6 años de prisión.

— Jamal Hussein Hussein. Por colaboración con organización terrorista, 6 años.

— Driss Chebli. Por colaboración con organización terrorista, 6 años. Fue absuelto por el Supremo por falta de pruebas.

Los absueltos por la Audiencia Nacional fueron Waheed y Ahmad Koshagi Kelani, Mohamed Khair al-Saqqa, Ghasub al-Abrash Ghalyun, Bassam Dalati y Sid Ahmed Boudjella.

LA SENTENCIA DEL 11-M

La Audiencia Nacional juzgó entre febrero y julio de 2007 a 29 personas, y el 31 de octubre siguiente dictó sentencia. Estableció que los atentados del 11 de marzo de 2004 en Madrid fueron perpetrados por una célula yihadista, siete de cuyos miembros murieron en el suicidio de Leganés. En la trama colaboró el ex minero José Emilio Suárez Trashorras, que suministró los explosivos con los que se fabricaron las bombas.

Las condenas fueron de 3 a 42.924 años de cárcel para 21 de los 28 acusados.

Dos de los acusados, Jamal Zugam y El-Gnaui, recibieron altísimas condenas al ser considerados miembros de organización terrorista (12 años de prisión) y autores de 191 asesinatos (30 años por cada uno), de 1.856 asesinatos en grado de tentativa (20 por cada herido) y de cuatro delitos de estragos terroristas (15 años por cada uno). Además, a El-Gnaui se le añadieron otros dos años por falsedad en documento de identidad. En total, 42.922 para Zugam y 42.924 para El-Gnaui.

El español José Emilio Suárez Trashorras, a quien también se condenó por los hechos de Leganés al haber suministrado el explosivo —que además de al comando mató a un policía—, recibió una pena algo inferior, de casi 35.000 años, al aplicársele la atenuante de «anomalía psíquica». Desde 1997 no trabajaba por un trastorno esquizoide.

Tres hombres fueron juzgados como inductores de la matanza, y

ninguno fue condenado por ello. Rabei Osman el-Sayed, alias el Egipcio, estaba acusado de ser el ideólogo del atentado y de pertenecer a
una organización terrorista. Pero fue absuelto de ambos cargos. En unas
grabaciones de la policía italiana, Osman presumía ante un amigo —con
algunos errores en lo que decía— de ser el autor de lo que había pasado en Madrid, pero el tribunal no le consideró inductor de la matanza.
La fiscalía le acusaba también de pertenencia a grupo yihadista, pero por
este delito había sido condenado a ocho años de prisión en Italia y no
podía repetirse condena por el mismo concepto, aunque este extremo
generó un vivo debate jurídico.

Hassan el-Haski también fue juzgado como inductor de la matanza, pero sólo fue condenado por pertenecer a una organización terrorista, en concreto al Grupo Islámico Combatiente Marroquí. La única
declaración en su contra era la del islamista Attila Turk en Francia, que
en el juicio, en declaración por videoconferencia, se desdijo. Fue condenado a 15 años.

Lo mismo ocurrió con Yusef Belhadj. La fiscalía le consideraba
inductor de la matanza, pero sólo fue condenado por pertenencia a organización terrorista. Le impusieron 12 años de presidio.

Además de El-Haski, Belhadj, Zugam y El-Gnaui, como miembros de un grupo yihadista fueron condenados Basel Ghalyun, Abdelmajid Buchar, Rachid Aglif, Muhannad Almallah Dabas, Fuad el-Morabit el-Amghar, Mohamed Buharrat, Saed el-Harrak, Mohamed Larbi
Ben Sellam y Hamid Ahmidan, primo de Jamal Ahmidan.

La dinamita procedía de la explotación minera en la que había trabajado Suárez Trashorras, dijo el tribunal. En el traslado a Madrid co-
laboraron Raúl González Peláez (condenado a 5 años de cárcel por suministro de dinamita), Sergio Álvarez Sánchez y Antonio Iván Reis
Palicio (condenados a 3 años cada uno por transporte de explosivos).

Rafá Zuhier, Abdelilah el-Fadual el-Akil, Mamud Slimane Aun y
Nasreddine Busbaa fueron condenados como colaboradores del atentado.

Además del Egipcio, otras siete personas quedaron absueltas: Antonio Toro, Carmen Toro, Emilio Llano, Javier González Díaz e Iván

Granados (todos ellos acusados de colaborar en el suministro de explosivos), así como Mohamed y Brahim Mussaten, familiares de Belhadj.

En las dos viviendas usadas por el comando —Chinchón y Leganés— se detectaron huellas digitales y se identificaron restos de ADN que permanecen anónimos. En 2007, además, fue detenido en Marruecos Abdelilah Hriz, a quien la fiscalía consideraba presunto autor material del atentado, a tenor de las huellas halladas en los escenarios del crimen.

La sentencia estableció que la matanza fue perpetrada por «miembros de células o grupos terroristas de tipo yihadista». Añadía que estos grupos, «mediante el uso de la violencia en todas sus manifestaciones, pretenden derrocar los regímenes democráticos y eliminar la cultura de tradición cristiano-occidental sustituyéndolos por un Estado islámico bajo el imperio de la ley islámica en su interpretación más radical, extrema y minoritaria».

La sentencia descartó explícitamente cualquiera de los frentes abiertos por las teorías de la conspiración, que apuntaban desde la participación de ETA hasta una manipulación policial de pruebas para favorecer la victoria socialista en las elecciones que había tres días después del atentado.

La sentencia desmanteló todas las sugerencias de manipulación del caso: el explosivo que estalló en los trenes fue robado en la mina asturiana Conchita; la mochila desactivada en un parque de Madrid correspondía a una de las que los terroristas montaron en Chinchón y colocaron en los trenes, y por tanto nadie la manipuló; la furgoneta en la que se desplazaron hasta Leganés varios de los islamistas fue trasladada al complejo policial de Canillas sin que nadie alterara su interior; el suicidio de Leganés, donde murieron siete de los terroristas, no fue un montaje sino una inmolación yihadista; las autopsias de los suicidas se hicieron de acuerdo con los protocolos establecidos; no hubo ninguna prueba de la intervención de ETA y, en suma, la instrucción desarrollada por el juez de la Audiencia Nacional Juan del Olmo fue correcta.

La sentencia fijó indemnizaciones para las víctimas de 30.000 a 1,5 millones de euros para las víctimas directas e indirectas. Clasificó los heridos en doce grupos, según la gravedad. Una joven de veintinueve años que permanecía en estado vegetativo tras haber padecido los efectos de las explosiones en la estación de Atocha recibió una indemnización de un millón de euros más un depósito de 250.000 euros para su tratamiento permanente.

Las condenas

— José Emilio Suárez Trashorras. Por cooperador necesario de 192 delitos de homicidio terrorista, en concurso con dos delitos de aborto, 1.991 delitos de homicidio terrorista en grado de tentativa, cinco delitos de estragos terroristas y falsificación de placas de matrícula, con la atenuante de anomalía psíquica, un total de 34.715 años.

— Jamal Zugam. Por pertenencia a organización terrorista, 191 delitos de homicidio terrorista, en concurso con dos delitos de aborto, 1.856 delitos de homicidio terrorista en grado de tentativa y cuatro delitos de estragos terroristas: 42.922 años.

— Otman el-Gnaui. Por pertenencia a organización terrorista, 191 delitos de homicidio terrorista consumados en concurso con dos delitos de aborto, 1.856 delitos de homicidio terrorista en grado de tentativa y cuatro delitos de estragos terroristas, y como cooperador necesario de un delito de falsedad en documento oficial con fines terroristas, un total de 42.924 años.

— Hassan el-Haski. Por pertenencia a organización terrorista en grado de dirigente, 15 años.

— Basel Ghalyun. Por pertenencia a banda armada, 12 años. Fue absuelto por el Tribunal Supremo al no considerar suficiente que su ADN apareciera en una prenda de ropa en Leganés ni que tuviera notas que instaban a matar «a los incrédulos, los enemigos de Dios y los hipócritas».

— Fuad el-Morabit Anghar. Por pertenencia a banda armada, 12 años.

— Muhannad Almallah Dabas. Por pertenencia a banda armada, 12 años. El Supremo le absolvió.

— Saed el-Harrak. Por pertenencia a banda armada, 12 años.

— Mohamed Buharrat. Por pertenencia a banda armada, 12 años.

— Yusef Belhadj. Por pertenencia a banda armada, 12 años.

— Mohamed Larbi Ben Sellam. Por pertenencia a banda armada, 12 años.

— Rachid Aglif. Por integración en banda armada y por tenencia o depósito de explosivos, 18 años.

— Abdelmajid Buchar. Por integración en banda armada y por tenencia o depósito de explosivos, 18 años.

— Hamid Ahmidan. Por los delitos de pertenencia a banda armada y tráfico de drogas, un total de 23 años.

— Rafá Zuhier. Por tráfico o suministro de explosivos en colaboración con organización terrorista, 10 años de prisión.

— Abdelilah el-Fadual el-Akil. Como autor de un delito de colaboración con banda armada, 9 años. El Supremo le absolvió.

— Nasreddine Busbaa. Por sendos delitos de falsificación de documentos, 3 años.

— Mahmud Slimane Aun. Por dos delitos de falsificación de documentos, 3 años.

— Raúl González Peláez. Por suministro de explosivos, 5 años. El Supremo le absolvió.

— Antonio Iván Reis Palicio. Por un delito de transporte de explosivos, 3 años.

— Sergio Álvarez Sánchez. Por un delito de transporte de explosivos, 3 años.

— Antonio Toro. Quedó absuelto por la Audiencia Nacional pero el Supremo le condenó a 4 años de cárcel.

Índice alfabético

«Para viajar lejos no hay mejor nave que un libro».

Emily Dickinson

Gracias por tu lectura de este libro.

En **penguinlibros.club** encontrarás las mejores
recomendaciones de lectura.

Únete a nuestra comunidad y viaja con nosotros.

penguinlibros.club